MICHAEL STADLER · PSYCHOLOGIE AN BORD

MICHAEL STADLER

Psychologie an Bord

VERLAG KLASING & CO GMBH, BIELEFELD

ISBN 3-87412-079-1

Umschlag: Siegfried Berning
Druck: Kunst- und Werbedruck, Bad Oeynhausen

Inhalt

Vorwort

Die psychologischen Aspekte der Sportschiffahrt findet man in der Yachtliteratur überhaupt nicht behandelt. Und doch sind sie an Bord einer Yacht allgegenwärtig. In viel mehr Erscheinungsformen, als man gemeinhin denkt. Sobald Sie zu lesen beginnen, werden Sie feststellen, wie überaus interessant dieses Gebiet ist. So manche, von jedem an Bord schon beobachtete, bisher unerklärliche Erscheinungen werden plötzlich verständlich. Gruppenprobleme, soziale Spannungen, die sich aus dem engen Zusammenleben an Bord ergeben, haben ebenso eine Ursache wie ein technischer Defekt – und wenn man die Ursache kennt, lassen sich die Probleme lösen, oder sie können von vornherein vermieden werden. Etwa durch sinnvollere Arbeitsteilung oder eine andere Organisation der Wachen. Übrigens – auch der Seekrankheit ist ein umfangreiches Kapitel gewidmet.

Ich habe versucht, stets von der täglichen Erfahrung des Seglers ausgehend, systematisch in die einzelnen Problembereiche einzuführen. So ist denn jedes Kapitel für sich verständlich, wenn auch der Aufbau dieses Buches einer inneren Logik des psychologischen Gegenstandes folgt – von den grundlegenden Wahrnehmungserscheinungen zu den Problemen des Zusammenlebens an Bord.

Wer mehr wissen möchte, findet am Schluß ein Literaturverzeichnis. Es führt alle weitverstreuten Schriften aus den verschiedensten Fachgebieten auf, auf die ich mich in meinem Text bezogen habe.

Dieses Buch wäre nicht möglich gewesen ohne die vielen Anregungen zum Thema, die ich beiläufig und ohne deren Wissen von denjenigen erhalten habe, mit denen ich gesegelt bin. Ihnen sei dieses Buch gewidmet.

Zu besonderem Dank verpflichtet bin ich meinen Freunden und Segelkameraden, die die einzelnen Kapitel gegengelesen und mir viele Anregungen und Hinweise gegeben haben: Dr. Christian Funke, Dr. Heinz Offe, Kpt. Jochen Schmellenkamp, Dr. Peter Schwab und Dr. Theo Wehner.

Besonders motiviert hat mich Frau Margot Eikermann, die das Manuskript zweimal getippt und dabei ihr Interesse am Thema nicht verloren hat.

Bremen, im März 1984   Prof. Dr. Michael Stadler

Segeln mit Leib und Seele — zur Einführung

Ein Buch über Psychologie an Bord hätte noch vor einigen Jahren bei den meisten Sportschiffern ungläubiges Kopfschütteln hervorgerufen. Navigation, Technik, Wetter, Gesetze, Bootsbaukunde, ja auch Medizin sind Fachgebiete, mit denen sich jeder, der aufs Wasser geht, früher oder später beschäftigen muß — aber Psychologie? Wo kann dieses Fachgebiet, bei dem man als erstes an Couch oder Seelen-Striptease denkt, auf See relevant werden, wo doch bekanntlich viel handfestere Dinge eine Rolle spielen? Vielleicht am ehesten noch bei Regattataktik als eine Art psychologischer Wettkampftechnik — aber gerade für diese Psychologie läßt sich kein Lehrbuch schreiben, denn hier kommt es auf die Besonderheit der jeweiligen Situation, auf die Kreativität des Augenblicks an. Aber da fällt einem vielleicht noch etwas anderes ein: Humanfaktoren spielen in den letzten Jahren bei der Gestaltung von Seeschiffen eine immer größere Rolle. Früher haben Schiffskonstrukteure und Seeleute überwiegend die Tendenz gehabt, primär technische Faktoren für die Schiffssicherheit verantwortlich zu machen und Unfälle auf „menschliches Versagen" zurückzuführen, ohne daß dabei die Bedeutung der menschengerechten Gestaltung von technischen Einrichtungen und Bedienelementen berücksichtigt wurde. Auch Probleme der Menschenführung an Bord werden in letzter Zeit häufiger diskutiert; auch Reise- und Hochseeregatta-Berichte behandeln häufiger psychologische, gruppendynamische Probleme, mit denen die Törnteilnehmer relativ unvorbereitet konfrontiert wurden. Ein eindrucksvolles Beispiel hierfür ist der Bericht über die Weltumsegelung der „Walross III" im Rahmen des Whitbread-Rennens. Aber auch Einzelbeobachtungen über unerklärliche Wahrnehmungen, die mancher Segler auf nächtlicher Wache gemacht hat, mögen schon einmal hier und da das Interesse an psychologischen Fragen wachgerufen haben.

Wir segeln mit Leib und Seele, das heißt, wir sind nicht nur als körperliche Organismen an Bord, sondern das Leben auf See prägt unser gesamtes Erleben, unser Handeln und unsere Persönlichkeit. Leib und Seele bilden eine untrennbare Einheit. Unser körperlicher Zustand hat seine Auswirkung auf unser Handeln und unser Erleben, ebenso wie unser Handeln und Erleben unseren körperlichen Zustand beeinflußt. Das beste Beispiel hierfür ist die Seekrankheit, die körperliche und psychische Komponenten hat, die miteinander in Wechselwirkung stehen. Kenntnisse über Psychologie an Bord lassen sich nicht nach Art eines Rezeptbuches vermitteln — eine psychologische Bordapotheke läßt sich nicht zusammenstellen — vielmehr fordert der Umgang mit psychischen Phänomenen und Problemen deren Verständnis. Das Erkennen eines psychologischen Sachverhaltes oder einer psychologischen Gesetzmäßigkeit macht diese gleichzeitig auch manipulierbar, steuerbar, veränderbar.

Ziel dieses Buches soll sein, es dem Leser zu ermöglichen, psychologische und sozialpsychologische Phänomene, die ihm auf See begegnen, näher kennenzulernen und damit umgehen zu lernen. Er kann lernen, Wahrnehmungstäuschungen ebenso wie gruppendynamische Prozesse an Bord vorauszusehen und damit auch die Möglichkeit zu haben, diese rechtzeitig in den Griff zu bekommen. Vielleicht gelingt es manchem Leser, eine größere Sensibilität für das soziale Leben an Bord zu gewinnen.

Einige Sportsegler glauben offenbar, daß durch die neuen Möglichkeiten der technischen Navigation Wahrnehmungsprobleme und menschliche Fehler aus der Welt geschafft sind und damit optimale Sicherheit auf See erreicht ist. Die in diesem Buch exemplarisch dargestellten Probleme der Radarbeobachtung zeigen aber, daß durch die technische Navigation die psychologischen Probleme nur auf ein anderes Medium verschoben sind und sich dort um so gravierender wieder bemerkbar machen.

Ein letzter Aspekt, der die Bedeutung psychologischer Überlegungen in der Seefahrt aufzeigt, ist die Entwicklung des Selbst, der eigenen Persönlichkeit auf See. Der erzieherische Wert der Seefahrt wurde uns von den Altvorderen seit Urzeiten gepredigt. Aber was ist wirklich dran? Wieso kann das Leben, auf engstem Raum zusammengepfercht mit anderen, unter widrigen und gefährlichen Umweltbedingungen, ohne die Möglichkeit auszubrechen, einen erstrebenswerten Beitrag zur Charakterbildung leisten? Die Beantwortung dieser Frage fördert widersprüchliche Ergebnisse zutage. Einerseits sind die Bedingungen an Bord von Schiffen, das Leben in einer „totalen Institution", krankmachend. Nach einer neueren Untersuchung sollen 12% aller Seeleute unter neurotischen Erkrankungen leiden; dies ist deutlich mehr als in anderen Berufsgruppen. Andererseits zeigen uns die Bemühungen und Erfolge des pädagogisch-therapeutischen Jugendsegelns, daß das Leben an Bord für verhaltensgestörte, lernbehinderte, seelisch verwahrloste oder straffällig gewordene Jugendliche außerordentlich positive Auswirkungen hat: Das Finden zu einer eigenen Identität, das Gewinnen von Selbstvertrauen, das Lernen vielfältiger Fertigkeiten und die Notwendigkeit, sich in einer tätigkeitsorientierten, auf ein gemeinsames Ziel gerichteten Gruppe einzuordnen und gleichzeitig zu behaupten, zeigt, daß ein Schiff ein außerordentlich „persönlichkeitsförderlicher" Lebensraum ist. Trotz der isolierten und beengten Situation ist ein Schiff ein Freiraum, auf dem körperliche Fertigkeiten und soziale Fähigkeiten geübt und erlernt werden können, die an Land viel zu selten benötigt werden, wie Selbständigkeit, Kooperation, Phantasie, Ausdauer, soziale Kompetenz und nichts überstürzende, ruhige, vorausschauende Handlungsfähigkeit.

Wo einem Hören und Sehen vergeht — Sinnesleistungen und Sinnestäuschungen auf dem Wasser

Wie kommt die Welt in unseren Kopf?

Daß wir in der Lage sind, Gestirne, die viele tausend Lichtjahre entfernt sind, zu *sehen* wenige Moleküle eines chemischen Stoffes in einem Kubikzentimeter Luft zu *riechen,* Zeitunterschiede sehr schwacher Luftdruckschwankungen bis herab zu 1/20000 s zu *hören* oder Abweichungen des Mastfalls von der Vertikalen von weniger als 1° zu *erkennen,* beruht auf einem komplizierten Zusammenspiel physikalischer, physiologischer und psychologischer Faktoren.

Wir haben den Eindruck, daß wir durch unsere Sinnesorgane, wie beispielsweise unsere Augen, die um uns herumliegende Welt wie durch Fenster nach außen wahrnehmen können. In Wirklichkeit ist es aber genau umgekehrt: Reize der Außenwelt (Lichtwellen, Schalldruckschwingungen) treffen auf unsere Sinnesorgane, werden durch Nervenverbindungen in unserem Gehirn vereinigt und erzeugen dort im Zusammenhang mit unseren im Gedächtnis festgehaltenen früheren Erfahrungen ein Abbild der Außenwelt. Die Außenwelt wird nun keineswegs in allen Einzelheiten vollständig abgebildet, sondern wir sehen, hören usw. nur das, was unerwartet und neu ist und was für unsere Orientierung in der Außenwelt wichtig ist. Bei dieser Selektion der unendlich vielen auf unser Gehirn eintreffenden Reize aus der Außenwelt kann es natürlich zu Wahrnehmungstäuschungen kommen. Erst wenn wir unsere Aufmerksamkeit auf bestimmte Ausschnitte unserer Umgebung richten, also genau hinsehen, genau hinhören usw., können unsere Wahrnehmungen einen hohen Genauigkeitsgrad erreichen.

Unsere Wahrnehmungen sind nicht zu vergleichen mit einer technisch erzeugten Kopie der Umwelt. Wir sehen z. B. mit unseren Augen (besser: unserem visuellen System) ein Abbild unserer Umgebung, welches erheblich besser ist als die technisch hochwertigste Fotografie. Man vergleiche etwa das visuelle Erlebnis eines realen Regattafeldes mit dessen Fotografie (oder dessen Filmaufnahme). Während wir mit den Augen noch spannende Zweikämpfe differenzieren können, bieten uns Foto oder Film ab einer gewissen Entfernung nur noch (bewegte) weiße Punkte. Die Wahrnehmungsforscher sprechen hier von *Konstanz-Phänomenen.* Die Dinge behalten ihre Größe unabhängig von ihrer Entfernung, ihre Farbe und Helligkeit unabhängig von ihrer Beleuchtung, ihre Raumrichtung und -orientierung unabhängig von unserer Körperstellung und -bewegung. Aber als Kehrseite solcher „Verbesserungen" der optischen Abbildung durch Konstanz-Phänomene ergeben sich unter Extrembedingungen Widersprüchlichkeiten und Täuschungen, mit denen wir besonders auf See zu rechnen haben.

Wenn wir in diesem Kapitel häufiger von *Wahrnehmungsgesetzlichkeiten* sprechen, so ist damit zunächst der Sachverhalt gemeint, daß alle Menschen, gleich unter welchen kulturellen oder Umweltbedingungen sie leben, bestimmte Reize in ähnlicher Weise interpretieren. Ein Beispiel dafür mögen die Sternbilder abgeben. Für die Meßgeräte des Astronomen befinden sich an verschiedenen Stellen des Himmelsgewölbes Objekte unterschiedlicher Helligkeiten und sonstiger physiko-chemischer Eigenschaften. Die Zusammenfassung dieser Lichtpunkte zu bestimmten Sternbildern, das heißt Gruppen von Sternen, die wir durch gerade Verbindungslinien miteinander verbunden denken (und sehen!) ist eine rein wahrnehmungspsychologische Zugabe. Allerdings können diese Verbindungslinien nicht beliebig gesetzt werden, sondern die Zusammenfassung von Gestirnen zu Gruppen gehorcht ganz bestimmten, genau erforschten Gestaltgesetzen, die in der visuellen Wahrnehmung generelle Gültigkeit besitzen. Eine Zusammenfassung der Sterne des großen Wagens in der Weise, wie es Abb. 1a zeigt, geht so gegen unsere Wahrnehmungsgesetzlichkeiten, daß die altbekannte zugrundeliegende Sternenkonstellation derart verzerrt wird, daß wir sie nicht mehr wiedererkennen können. So werden in fast allen Kulturen der Welt die Sterne in der Weise der Abbildung 1c gruppiert gesehen und dann allerdings mit unterschiedlichen Namen und Bedeutungen belegt. Das gleiche gilt für das Sternbild des Orion und andere.

Solche allgemeinen Gesetzmäßigkeiten dürfen uns andererseits nicht darüber hinwegtäuschen, daß es auch kulturelle und personelle Unterschiede in der Wahrnehmung gibt. Hier ist zu bedenken, daß das Wahrnehmen eine Funktion ist, die uns nicht von Geburt an fix und fertig gegeben ist, sondern die sich bei allen Menschen im Laufe des Lebens und im Zusammenhang mit der Lebens-

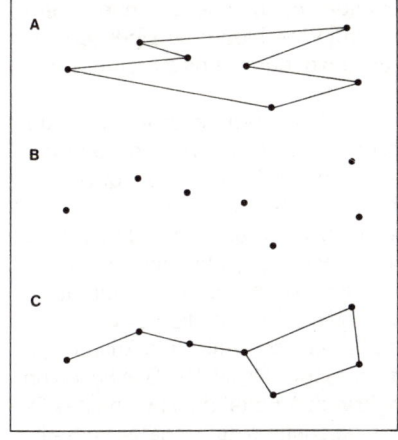

Abb. 1
(A) Ein unbekanntes Sternbild?
(B) Aufgebaut aus den Sternen des
Großen Wagens, die jeder Mensch wie
die Figur (C) sieht.

tätigkeit ausbildet, verfeinert und verbessert. Richtiges und genaues Wahrnehmen ist erlernbar. Mancher Sportschiffer mag sich daran erinnern, wie er zu Beginn seiner Seglerlaufbahn hilflos in die Takelagen der Boote und Schiffe geschaut hat und von der Unzahl der Leinen, Blöcke und Stengen verwirrt war. Mit
der Zeit lernte er ihre Funktion kennen, und damit differenzierte sich auch zunehmend seine Wahrnehmung der Segelriggs. Man kann sagen, der erfahrene
Segler nimmt mehr wahr als der Anfänger, obwohl die gleichen Reize seine
Sinnesfläche treffen.
Bei der Wahrnehmung und Orientierung in unserer Umwelt arbeiten alle unsere
Sinnesorgane zusammen und geben uns einen ganzheitlichen Eindruck von
den Objekten und Erscheinungen unserer Umgebung. So nehmen wir etwa
Wind gleichzeitig über die verschiedensten Sinnesorgane wahr: visuell durch
einen Blick auf den Verklicker oder die Segel, akustisch, indem wir ihn durch die
Wanten und Stagen pfeifen hören; aber wir spüren z. B. auch die Berührung
des Windes auf unserer Haut, die erhöhte Wärmeleitfähigkeit der Luftmassen,
indem es kalt wird, und Stellungs-, Kraftsinn- sowie die Gleichgewichtsorgane
melden uns, daß unser Körper in einem Winkel zur Gravitationsrichtung ausgerichtet werden muß (Schrägstellung), um seine aufrechte Haltung gegen den
Wind bewahren zu können; und manche Seeleute behaupten sogar, daß sie

den Wind riechen können! Erst das *Zusammenwirken* unserer Sinnesorgane verschafft uns also ein umfassendes Abbild der verschiedenen Eigenschaften einer Umwelterscheinung und ermöglicht es uns dadurch, uns angemessen zu verhalten.

Einige allgemeine Eigenschaften aller unserer Sinnesorgane sollen noch kurz besprochen werden: Jedes Sinnesorgan besitzt eine untere und auch eine obere (Schmerz-)*Schwelle* für die Weiterleitung von Reizen. So gibt es etwa Töne, die so leise sind, daß wir sie nicht hören können und solche, die so laut sind, daß wir nichts mehr hören, sondern nur noch Schmerz empfinden. Die Bewegung des Minutenzeigers einer Uhr ist zweifellos objektiv vorhanden, was wir durch mehrmaliges Hinschauen erfahren, aber sehen können wir die Bewegung nicht − sie ist unterschwellig. Ebenso wenig sehen wir die Bewegung der Flügel eines schnellen Ventilators, da sie außerhalb des zeitlichen Auflösungsvermögens unseres Auges liegt, das heißt überschwellig ist. Die Schwellen unserer Sinnesorgane sind zum einen abhängig vom Adaptationszustand des Organs, zum anderen aber auch vom Gesundheitszustand des Organs, vom Alter oder der „Sensibilität" der Person. So ist auch an Bord häufig die Erfahrung zu machen, daß ein gegen den Wind gerufenes Kommando von einem Crewmitglied verstanden wird, während ein anderes nichts gehört hat; daß einer ein entferntes Leuchtfeuer bereits klar ausmachen kann, während andere noch nichts sehen; oder daß einer schon das angebrannte Essen riecht, während die anderen noch in ungetrübter Vorfreude auf die Mahlzeit verharren usw.

Auf See − einer für uns Menschen fremdartigen, unberechenbaren und gefährlichen Umgebung − ist die volle Funktionstüchtigkeit aller Sinnesorgane und die uneingeschränkte Sensibilität für alle Sinnesqualitäten notwendige Voraussetzung für eine richtige Einschätzung der Lage und die Anpassung des Verhaltens an die Situation. Als Voraussetzung für die Führung eines Schiffes muß daher auch beim Führerschein- bzw. Patentanwärter das Funktionieren der wichtigsten Sinnesleistungen (Sehen und Hören) überprüft werden.

Man gewöhnt sich an alles —
zur Anpassungsfähigkeit unserer Sinnesorgane
an die Umgebungsbedingungen

Unser Organismus und ganz besonders unsere Sinnesorgane haben die verschiedensten Möglichkeiten, sich auf die jeweiligen Umweltbedingungen einzustellen. Wir alle kennen etwa die Fähigkeit unserer Augen, sich an die Dunkelheit zu gewöhnen, so daß wir, nachdem wir nachts ins Freie getreten sind, nach einiger Zeit Einzelheiten unterscheiden können, wo vorher alles schwarz war. Deshalb vermeiden wir es bei Nachtfahrten an Bord tunlichst, Decksbeleuchtungen anzuhaben bzw. Licht aus dem Niedergang ins Cockpit fallen zu lassen, um den Rudergänger optimal an die umgebende Dunkelheit adaptieren zu lassen. Treten wir wieder ins Helle, so sind wir zunächst geblendet, gewöhnen uns aber innerhalb weniger Sekunden wieder an die neuen Beleuchtungsverhältnisse. Indem unsere Augen durch eine unwillkürliche Vergrößerung und Verkleinerung der Pupillen die durchschnittliche Menge des Lichteinfalles regulieren, vergrößern sie zugleich die Differenzierungsfähigkeit im Rahmen der jeweils eingestellten Bandbreite.

Ähnlich wie die Hell-Dunkel-Adaptation funktioniert auch eine Anpassung an die mittlere Farbverteilung unseres Sehfeldes. Tragen wir z. B. eine Sonnenbrille mit grünen Gläsern, so sehen wir zunächst unsere Umwelt in einem Grün-Schimmer. Rote Farben werden dabei sehr stark abgeschwächt. Nach einiger Zeit der Anpassung findet unser visuelles System aber einen neuen Nullpunkt auf dem Rot-Grün-Spektrum, indem es sozusagen einen Vorhalt für den Grünfilter der Sonnenbrille einberechnet, mit dem Ergebnis, daß die Rot-Grün-Verteilung unserer Umwelt wieder normal ist.

Adaptationsvorgänge haben generell die Funktion, den Organismus für neue, unerwartete Reize sensibel zu machen, indem die gleichförmigen, bekannten, immer wiederkehrenden Reize mit der Zeit in den Hintergrund unserer Aufmerksamkeit treten. Die Kehrseite solcher Adaptationsvorgänge ist in der Regel eine negative, d. h. ins Gegenteil verkehrte Nachwirkung, wenn die gleichförmige Reizung abnimmt. Betrachten wir etwa aus dem Bugkorb für längere Zeit das sich unter dem Steven teilende Wasser, so wird unter dieser gleichförmigen Reizung der Bewegungseindruck des Wassers für unser Auge mit der Zeit unmerklich vermindert. Wir erkennen dies erst in aller Deutlichkeit, wenn wir den Blick wieder an Deck wenden. Fest an Deck verankerte Gegenstände scheinen sich nun plötzlich unwiderstehlich nach oben bewegen zu wollen, obwohl sie in Wirklichkeit ganz unbewegt sind. Diese Bewegungs-Nachwirkung ist in der Psychologie als *Wasserfall-Effekt* bekannt.

Geradeausfahrt ohne Kompaß — Möglichkeiten der Horizontalorientierung

Im Gegensatz zu den Sinnesleistungen mancher Tiere ist der Mensch nicht mit besonderen Organen ausgestattet, die ihm eine Orientierung in gleichförmigen Umgebungen (Wüste, moderne Großstadt, Meer) ermöglichen. Die Forschungen zur Erklärung des Vogelfluges haben ergeben, daß die Tiere mit einem biologischen Sonnenkompaß, einem Sternenkompaß, einem Magnetkompaß und möglicherweise sogar mit einem Trägheitsnavigationssystem ausgerüstet sein können, mit denen sie ihre erstaunlichen Leistungen beim jahreszeitlichen Vogelzug und beim Heimfinden, nachdem sie an beliebigen Positionen ausgesetzt wurden (Brieftauben!), vollbringen. Menschen besitzen statt solcher biologischer Ausrüstung ein hohes Maß an Lernfähigkeit und Erfindungsgabe. Grundzüge der astronomischen Navigation wurden schon von den ersten Seefahrern, die es wagten, sich von den Küsten zu entfernen, entwickelt, und der Magnetkompaß wurde schon vor 3000 Jahren erfunden. Bei bewölktem Himmel, bei diesiger Sicht und beim Fehlen oder nach Ausfall des Magnetkompasses ist es um die menschliche Orientierungsfähigkeit allerdings schlecht bestellt.

Unter dem Begriff der *geographischen Orientierung* verstehen wir in der Regel drei verschiedene Leistungen:

1) Das Beibehalten einer einmal eingeschlagenen Richtung bei der Fortbewegung,
2) das Auffinden einer bestimmten Himmelsrichtung und
3) die räumliche Vorstellungskraft, die es ermöglicht, sich in einem bestimmten Revier zurechtzufinden.

Zur letztgenannten Leistung gehört auch die Fähigkeit zum „Lesen" von Land- und Seekarten, die Fähigkeit, solche Karten zu erstellen und die Entwicklung einer sogenannten „kognitiven Karte" in einer bekannten Gegend, d. h. einer nur im Bewußtsein existierenden Orientierungsgrundlage.

1) Es ist bekannt, daß Menschen sich in einem Kreis bewegen, wenn sie von sinnlichen Informationen über ihre Umgebung (wie z. B. im Nebel) abgeschnitten sind. In den meisten Fällen findet diese Kreisbewegung rechtsherum statt, und zwar unabhängig davon, ob man läuft, schwimmt, ein Auto oder ein Schiff steuert. Die Ursache dafür wird häufig in körperlichen Asymmetrien („Rechtshändigkeit") gesehen. Aber auch die Coriolis-Kraft, deren Auswirkung auf die Windrichtung dem Segler schon bekannt ist, kommt als Ursache in Frage. Die kreisförmigen Bewegungen sind in der Regel so langsam, daß sie für unseren Drehbewegungssinn in den Gleichgewichtsorganen unterschwellig bleiben. Vielmehr könnte auch eine angeborene Asymmetrie der Gleichgewichtsorgane die Ursache für dieses Verhalten sein. Wer schon einmal in einer Jolle segelnd auf einem Binnensee von plötzlichem Nebel überrascht wurde, kennt das Problem, durch einfache Geradeausfahrt irgendein Ufer zu erreichen. Bei Wind, der gerade dann allerdings oft nicht vorhanden ist, ist eine Orientierung durch eine bestimmte Segelstellung oder durch Beobachten des Verklickers möglich. Auf dem offenen Meer kann bei Windstille und Nebel eine Orientierung durch die Dünung erfolgen. Hier spielen unsere Bewegungssinne (Gleichgewichts- und Stellungssinn) eine größere Rolle als das Sehen. Wellen gegenan erzeugen bekanntlich Stampfen und Wellen quer Rollen des Schiffes. Jede Abweichung vom „Gegenan"-Kurs erzeugt ein geringes, aber spürbares Rollen, und jede Abweichung vom „Quer-zu-den-Wellen"-Kurs erzeugt ein wenig Stampfen. Für jeden Kurs diagonal zur Dünung gibt es also ein bestimmtes Muster des Rollens und Stampfens in der Schiffsbewegung. Dabei müssen allerdings Veränderungen der Situation durch Winddrehungen und vor allem durch Tidenstrom beachtet werden. Auf Abweichungen des Verhältnisses von Rollen und Stampfen reagieren unsere Bewegungssinne sehr sensibel, wenn wir unsere Aufmerksamkeit darauf richten. Die Seefahrer der Südsee haben mit Hilfe von Wellenbeobachtungen sehr genau navigieren können.

Wenn uns weder Wind noch Wellen im Nebel Anhaltspunkte für einen Geradeauskurs geben können, und wenn auch keine Kielwasserbeobachtung möglich ist, dann hilft nur das Ausbringen einer Leine (Logleine, Angelschnur etc.) mit einem kleinen Treibanker. Die Leine muß am Mast befestigt werden, so daß es dem Rudergänger möglich ist, das Schiff so zu halten, daß die Leine genau in Kiellinie über das Heck hinausgeht.

2) Für das Festlegen einer *bestimmten* Richtung gibt es in fremder Umgebung die besten Anhaltspunkte in den Gestirnen. Die Menschheit hat sich schon sehr früh die verschiedensten Methoden der astronomischen Navigation angeeig-

net. Auch ohne spezielle Vorkenntnisse können sich die meisten Menschen zu Lande und zu Wasser grob nach dem Sonnenstand orientieren. Auch anhand von typischen Windrichtungen bei bestimmten Wetterlagen lassen sich leicht die Haupthimmelsrichtungen bestimmen. Wenn es allerdings keine visuellen Anhaltspunkte gibt, wie dies bei schlechter Sicht und Nebel der Fall ist, dann ist das menschliche Raumorientierungsvermögen − verglichen mit den großen Orientierungsleistungen vieler Tierarten − außerordentlich dürftig. Dafür ist jedoch seine Intelligenz groß genug, um sich vielleicht im wirklichen Notfall einen Behelfskompaß zu konstruieren.

3) *Räumliches Vorstellungsvermögen,* das heißt, das Verlassen der egozentrischen Perspektive mit dem Ich im Mittelpunkt, und das Einnehmen unterschiedlicher räumlicher Perspektiven ist eine zentrale Komponente der menschlichen Intelligenz, wie sie etwa in Intelligenztests gemessen wird. Dem Sportschiffer wird hier einiges abverlangt: Befindet er sich beispielsweise in einem Schärengebiet, so hat er im Cockpit seines Schiffes eine Perspektive aus zwei Meter Augenhöhe. Begibt er sich unter Deck an seinen Navigationstisch, so nimmt er die Vogelperspektive ein, wenn er die Seekarte betrachtet. Ohne weiteres dreht er dabei in seiner Vorstellung die ihn umgebende Welt, da die Nordrichtung seiner Karte, wie sie auf dem Kartentisch liegt, keineswegs mit der Nordrichtung am Kompaß des Schiffes übereinstimmen muß. Der Skipper muß hier eine „kognitive Seekarte" ausbilden, in der er sich gewissermaßen im Geiste frei bewegen kann und deren Perspektiven er in Sekundenschnelle wechseln kann.

Nur Anfänger haben oft Schwierigkeiten beim Steuern des Schiffes nach dem Kompaß. Diese werden dadurch nicht erleichtert, daß es unterschiedliche Einbau- bzw. Ablesesysteme von Kompassen gibt: Ist der Steuerstrich vorne, so muß der Rudergänger das Ruder in Richtung auf den gewünschten Kurs legen, ist der Steuerstrich achtern, so muß er das Ruder entgegengesetzt zu dem gewünschten Kurs legen. Die Schwierigkeiten entstehen hauptsächlich daraus, daß die Vorstellung, daß die Kompaßrose quasi unbeweglich und richtungsstabil ist und das Schiff sich gewissermaßen um die Kompaßrose herumdreht, nur sehr schwer in unserer Wahrnehmung nachzuvollziehen ist. Dies liegt daran, daß wir bei zwei gegeneinander bewegten Teilen (Schiff − Kompaßrose) in der Regel den eingeschlossenen Teil als bewegt und den umschließenden Teil als ruhend wahrnehmen, wie dies an anderer Stelle des Buches näher erläutert ist (s. Seite 52). Ein mechanisches Lernen der Ruderregeln hilft allerdings dem Anfänger wenig, da er im Ernstfall, wenn es darauf ankommt, *schnell* das *Richtige* zu tun, wieder genau entgegengesetzt fahren wird — und damit eine Patenthalse oder eine Kollision verursachen kann. Es hilft nur, daß er mit der Zeit lernt, ein räumliches Bezugssystem auszubilden, in dem die Kompaßrose und die Erdoberfläche (der Meeresgrund) stabil sind und in dem das Schiff, die Wellen und die Perspektive des Navigators beweglich sind. Dies gelingt allerdings erfahrungsgemäß nicht allen Menschen gleich gut.

Über magnetische Tonnen — Eigenschaften von Figur und Hintergrund

„Tonnen sind magnetisch", pflegte ein mir bekannter erfahrener Skipper zu sagen, wenn er darauf hinweisen wollte, daß man in betonnten Gewässern mit Gezeitenstrom besonders aufmerksam sein muß, wenn unerfahrene Rudergänger Wache gehen. Tatsächlich passiert es unerfahrenen Crewmitgliedern nämlich nicht allzu selten, daß eine Tonne, die sie längere Zeit am Mast vorbei an Steuerbord angepeilt haben, wenn sie fast erreicht ist, nun plötzlich in vier Strich an Steuerbord gepeilt wird und dabei das Schiff unweigerlich auf sie zuzudriften scheint. Zu allem Übel scheint in einer solchen Situation auch noch der Wind vorlicher einzufallen, so daß der Rudergänger kaum mehr höher an den Wind herangehen kann, um eine Kollision mit der Tonne zu vermeiden. Meist hilft hier nur ein vom Skipper entschlossen angeordnetes Notmanöver nach Steuerbord, um die Tonne knapp an Backbord liegen zu lassen.
Was ist hier geschehen? Hätte der Rudergänger während der ganzen Zeit den Kompaß beobachtet und nicht die Tonne angepeilt, dann hätte er gemerkt, daß er den Kurs zunächst unmerklich und später immer stärker nach Backbord verändert hat: Er ist eine *Hundekurve* gefahren (Abb. 2). Um diesen Begriff zu erklären, müssen wir einen Ausflug in die Stammesgeschichte der Wirbeltiere machen. Verschiedene Tierarten haben sich im Laufe ihrer stammesgeschichtlichen Entwicklung an unterschiedliche Umweltbedingungen angepaßt: etwa an das Leben auf dem Lande, im Wasser oder in der Luft. Während beispielsweise Wasservögel an das Leben auf dem Wasser angepaßt sind, gehen Hunde als Landtiere nicht ohne besonderen Grund ins Wasser, und Menschen können, ebenso wie die meisten Affenarten, von Natur aus nicht einmal schwimmen. Dementsprechend verhalten sich Enten etwa in strömenden Ge-

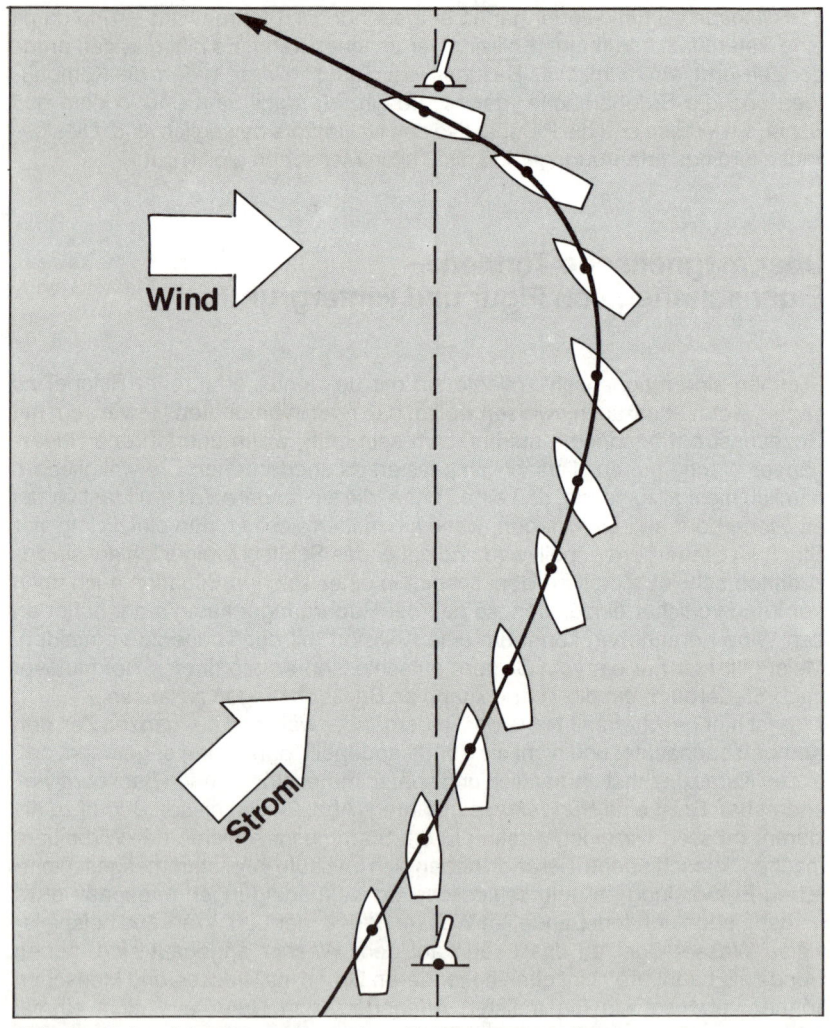

Abb. 2 Statt auf den Kompaß zu sehen die Tonne angepeilt.

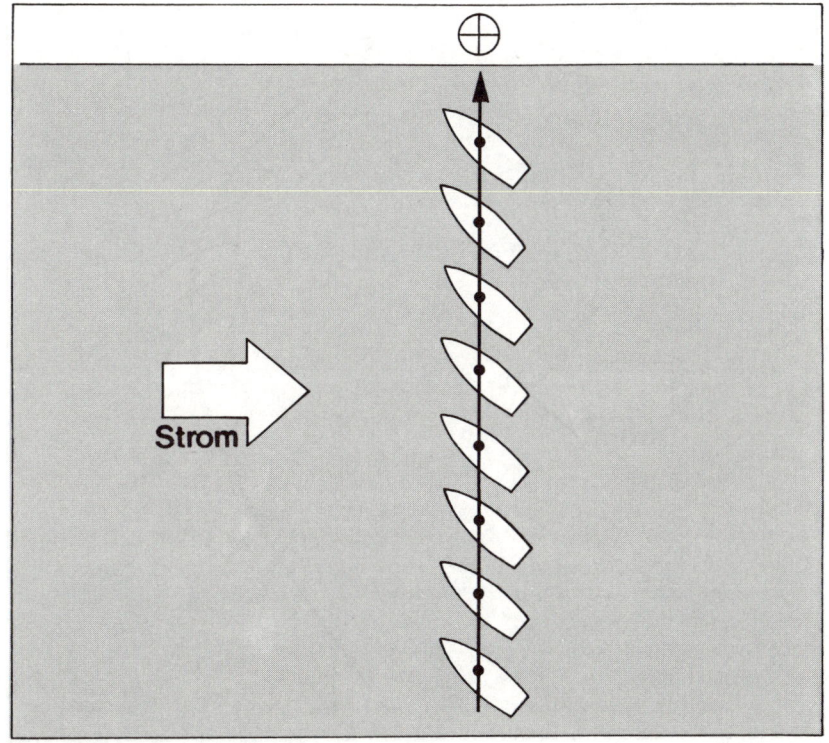

Abb. 3   Der Entenweg

wässern auf die einfachste und kraftsparendste Weise, um einen Zielort zu erreichen. Abb. 3 veranschaulicht, daß Enten beim Queren eines Flusses, um etwa einen bestimmten Unterschlupf am anderen Flußufer zu erreichen, einen Vorhalt gegen den Strom berücksichtigen, indem sie die „Kiellinie" ihres Körpers etwas flußaufwärts richten mit dem Erfolg, daß sie den Fluß auf dem kürzesten Wege rechtwinklig überqueren.

Anders als dieser *Entenweg* kommt die *Hundekurve* zustande (s. Abb. 4): Um einen bestimmten Punkt auf der anderen Uferseite zu erreichen, zielt der Hund

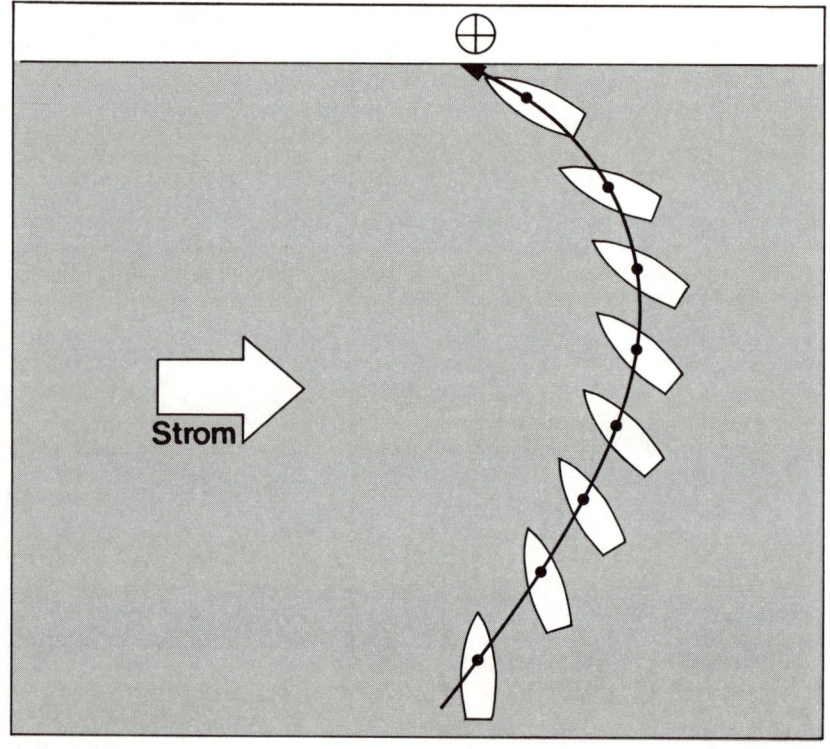

Abb. 4   Die Hundekurve

diesen immer direkt an und beschreibt damit, da er laufend vom Strom versetzt wird, eine parabel-ähnliche Kurve. Auch an Land verhält sich der Hund ähnlich, wenn er etwa seinen, quer zu seinem Weg laufenden, Herrn erreichen möchte. Ebenso wenig wie im Wasser die Stromversetzung berücksichtigt er hier die Eigenbewegung seines Zielobjektes.

Daß Menschen sich zu Lande und auf dem Wasser ähnlich verhalten, liegt nicht primär daran, daß sie keinen Vorhalt abschätzen und die Bewegung des Zieles bzw. ihre eigene Drift berücksichtigen können, sondern daran, daß es schwerfällt, seinen Weg in den leeren Zwischenraum und nicht auf ein Objekt hin zu steuern. In den meisten alltäglichen Situationen *handeln* Menschen *geplant* und *zielgerichtet.* Das heißt, sie nehmen sich etwas vor, stellen sich etwa ein Ziel, das das Ergebnis ihres Handelns sein soll, im Bewußtsein vor und richten ihre Operationen und Handlungen nun so ein, daß sie dieses Ziel auf mehr oder weniger direktem Wege erreichen. Der Psychologe nimmt an, daß unsere Bewegungen und Handlungen geradewegs durch dieses vorweggenommene Ziel gesteuert werden. Wenn wir das Ziel nun aber nicht nur im Geiste anpeilen, sondern das Objekt mit unseren Augen vor uns sehen können, dann ist die verhaltenssteuernde Wirkung dieses realen Ziels natürlich noch viel eindringlicher. Die Bevorzugung eines Zielobjektes vor dem leeren Zwischenraum wird noch durch eine wahrnehmungspsychologische Gesetzmäßigkeit verstärkt.

Die Abb. 5 zeigt eine bekannte Demonstration des Unterschiedes von *Figur* und *Grund.* Die meisten Menschen sehen zunächst einen weißen Pokal auf schwarzem Grund. Erst nach längerem Hinsehen bemerkt man, daß die Umrisse des Pokals gleichzeitig zwei sich gegenüberstehende schwarze Gesichter begrenzen. Dann wird plötzlich der weiße Pokal zum Hintergrund. Man kann nun hier immer nur eine Version sehen: den Pokal oder die Gesichter, das jeweils andere wird zum Hintergrund. Linien begrenzen also immer nur die Gegenstände und nicht ihren Hintergrund. Dieser ist unstrukturiert und scheint sich hinter den Gegenständen fortzusetzen. Figuren als ausgezeichnete Stellen unseres Sehfeldes ziehen daher immer unseren Blick auf sich, während der

Abb. 5 Figur und Hintergrund: Man kann nur entweder den Becher oder die beiden Gesichter als Figuren sehen, das andere wird zum Hintergrund.

Hintergrund, ohne unser Interesse zu reizen, unbemerkt dazwischen liegt. Daher fällt es uns schwer, eine Stelle des Hintergrundes, der ja auf See besonders gleichförmig ist, anzusteuern. Woran sollte der Rudergänger seinen Blick auch festhalten: Alle Stellen der Wasseroberfläche und des Horizontes sehen gleich aus.

Das Fahren von Hundekurven muß in betonnten Gewässern unbedingt vermieden werden, da der Weg des Schiffes, wie Abb. 2 zeigt, über Untiefen führen kann, obwohl der Rudergänger glaubt, sich immer innerhalb des Tonnenstriches gehalten zu haben. Um dies zu vermeiden, hilft dem Unerfahrenen nur die laufende Kontrolle seines Kurses auf dem Kompaß unter Berücksichtigung eines entsprechenden Vorhaltes für die Strom- (oder Wind-)Drift.

Wie weit und wie groß? — Visuelle Entfernungs- und Größenschätzung

Bei guter Sicht

Die Wahrnehmung der Größe und der Entfernung von Objekten zu Wasser und zu Lande ist untrennbar miteinander verbunden. Die Abb. 6 zeigt die physikalisch-optischen Projektionsverhältnisse zweier Objekte auf der Netzhaut des Auges. Leuchtturm A ist halb so groß und halb so weit entfernt wie Leuchtturm B. Aber beide erzeugen eine gleich große, wegen der Konkav-Form des Augenhintergrundes verzerrte Abbildung. In unserem alltäglichen Sehen allerdings merken wir von diesen Verzerrungen der Größe und der Form gar nichts. Die Psychologen bezeichnen dieses als *Größenkonstanz.* Es bedeutet, daß man Objekte und Lebewesen in größerer Entfernung keineswegs, wie man es aufgrund der perspektivischen Projektion auf eine zweidimensionale Fläche erwarten würde, verkleinert sieht, sondern (angenähert) in der Größe, die sie auch bei näherem Betrachtungsabstand haben.

Die nächsten Abbildungen versuchen zu verdeutlichen, warum dies der Fall ist. Unser Gehirn verarbeitet nämlich die Information, die auf dem Augenhintergrund abgebildet wird, nicht zweidimensional, sondern wir sehen immer auch die Tiefe des Raumes und berücksichtigen in der Größenschätzung die Lage der Objekte in der räumlichen Tiefe. Dies kann dadurch geschehen, daß wir auf der Erde und auf dem Wasser immer eine sich vor uns in die Tiefe erstreckende

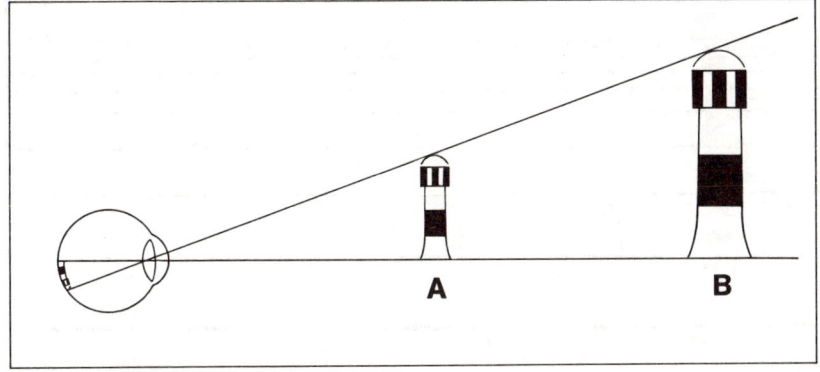

Abb. 6 Die optische Projektion auf dem Augenhintergrund: Die Objekte A und B werden gleich groß abgebildet.

Oberfläche sehen, die eine Textur aus Elementen durchschnittlich gleicher Größe besitzt (Abb. 7). Bei diesen Elementen kann es sich um sehr unterschiedliche Dinge handeln: Bäume, Häuser, Grasbüschel, Erdbrocken, Kräuselungen der Wasseroberfläche, Brandungsstreifen, Wellen etc. Diese Elemente werden vom Standpunkt des Beobachters aus in Richtung größerer Entfernung immer dichter und kleiner, bis sie am Horizont fast ganz ineinander verschwimmen.

Solche *Textur-Gradienten* kann man, wie in Abb. 8, einfach durch Streifen zunehmender Dichte darstellen. Es entsteht hierbei zwingend der Eindruck räumlicher Tiefe. Die Größe der Schiffe wird hier nicht entsprechend ihren Projektionsverhältnissen (ihrer geometrischen Größe auf der Zeichnung), sondern aufgrund ihrer Einordnung in den Textur-Gradienten der Wasseroberfläche beurteilt. So ist der Rumpf des Motorbootes A geometrisch genauso groß wie der Rumpf des Frachters C. Motorboot A verdeckt aber nur zwei Elemente (Striche) des Textur-Gradienten, während der Frachter C allein bis zur Kimm fünf Texturstreifen überdeckt (wobei erst die halbe Höhe seines Rumpfes erreicht ist). Frachter C nehmen wir deshalb auf der Abbildung und in der Wirklichkeit erheblich größer wahr als Motorboot A, aber gleichzeitig erheblich weiter entfernt. Vergleichen wir nun Motorboot A mit Motorboot B, so zeigt sich, daß B zwar geometrisch sehr viel kleiner als A ist, aber ebenso wie A zwei Texturstreifen

Abb. 7   Räumliche Tiefe durch Textur-Gradienten.

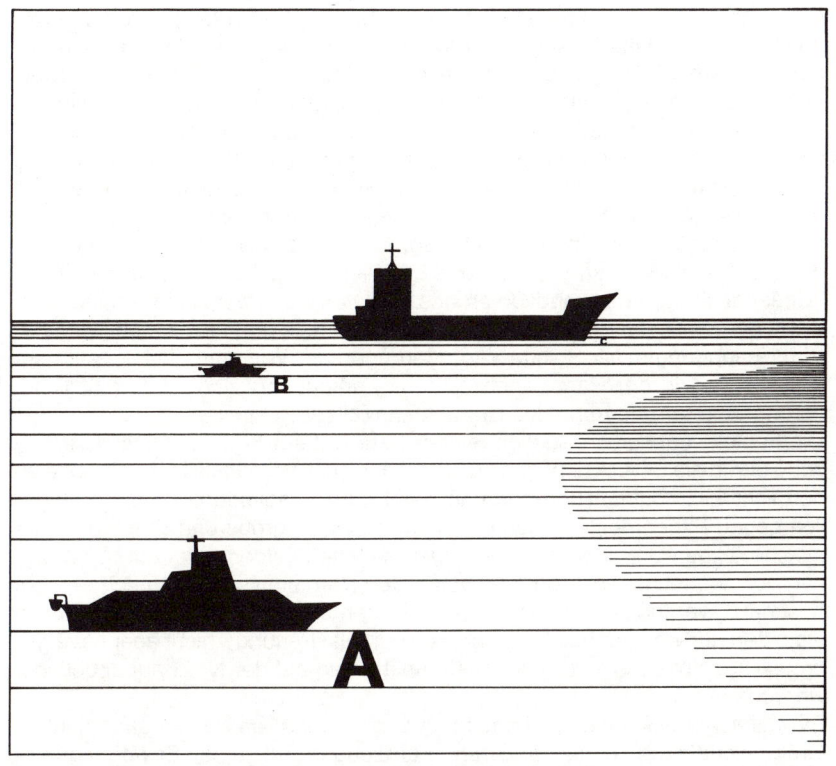

Abb. 8   Größenschätzung von Schiffen auf dem Wasser: Durch den Texturgradienten wirkt Schiff (C) sehr viel größer als das Motorboot (A); dieses wird gleich groß wie Motorboot (B) gesehen.

verdeckt. Weil ein solches unveränderliches Verhältnis zwischen dem Boot A und seinem Textur-Gradienten und dem Boot B und seinem Textur-Gradienten besteht, nehmen wir beide auch als etwa gleich groß wahr, wobei B in größerer Entfernung einzuordnen ist. Man beachte, daß auf der Abbildung die drei Buchstaben A, B, C wie aus dem gleichen Setzkasten entnommen (also gleich groß) erscheinen.

Übrigens wird die zunehmende Dichte des Textur-Gradienten auf dem Wasser von Seglern bei Flaute häufig fehlinterpretiert. Die Hoffnung, daß doch ein wenig Wind aufkommen möchte, legt die Interpretation nahe, daß in einiger Entfernung vom eigenen Schiff, dort wo der Textur-Gradient der nur ganz leicht gekräuselten Wasseroberfläche schon relativ dicht ist, vielleicht doch mehr Wind ist als an der eigenen Position. Wirft der Segler dann hoffnungsfreudig seine Maschine an, um die leichte Brise in 2 sm Entfernung mitzubekommen, so wird er, dort angekommen, enttäuscht feststellen, daß er einer optischen Täuschung erlegen war. Eine räumlich begrenzte Veränderung der Windverhältnisse auf dem Wasser, wie sie beim Einfallen einer Bö oder etwa hinter der Windabdeckung eines Landvorsprungs auftreten kann, würde sich in einer Verdichtung der Textur-Gradienten darstellen, wie dies auf der rechten Seite der Abb. 9 angedeutet ist. Solche Veränderungen der Windverhältnisse auf dem Wasser sind in der Regel auch eindeutig erkennbar, wenn eine plötzliche, sprunghafte Veränderung des Gradienten vorliegt.

Die Fähigkeit unseres visuellen Systems zur Entfernungs- und Größenschätzung durch die Berücksichtigung unveränderlicher Verhältnisse der Objekte zu den Textur-Gradienten und innerhalb des Textur-Gradienten selbst ist erstaunlich genau. Experimente haben gezeigt, daß Objektgröße und Entfernung auf gleichmäßigen Gradienten, wie auf ausgedehnten Feldern oder auf dem Wasser, von Versuchspersonen, den objektiven Verhältnissen entsprechend, gut geschätzt werden können. In größerer Entfernung wird dabei die Größe von Objekten nur weniger bestimmt (größere Urteilsstreuung), nicht aber etwa geringer, auch wenn sie nur noch fast punktförmig auf der Netzhaut abgebildet werden.

Ein guter Anhaltspunkt für die richtige Entfernungs- und damit auch richtige Größenschätzung eines anderen Fahrzeuges ist eine Bewegungsverschiebung in unserem Gesichtsfeld. Ein Motorboot, das 8 Knoten Fahrt macht, durchstreicht, wenn es nahe ist, eine größere Strecke unseres Gesichtsfeldes als wenn es weit entfernt ist. Allerdings muß hier die Eigenbewegung des eigenen Fahrzeuges berücksichtigt werden. Wenn sich zwischen beiden Fahrzeugen ein Festpunkt, z. B. eine Tonne oder ein Landvorsprung befindet, kann die Bewegungsverschiebung dabei völlig aufgehoben werden (Abb. 9), so daß die Entfernungs- und Größenschätzung entsprechend unsicher wird.

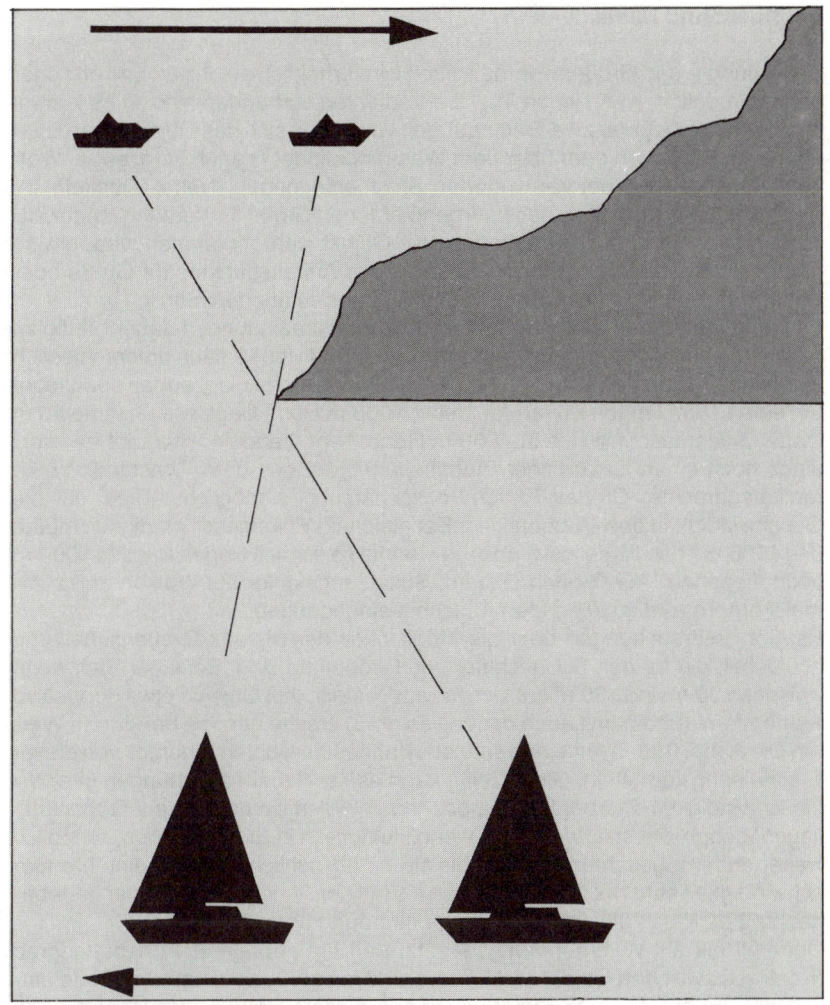

Abb. 9   In dieser Situation erscheint das Motorboot für den Segler unbewegt, die Entfernungsschätzung wird dadurch erschwert.

Bei Nacht und Nebel

Entfernungs- und Größenwahrnehmung wird erheblich erschwert und oft sogar ganz unmöglich, wenn keine Textur-Gradienten vorhanden sind. Dies kommt im wesentlichen unter zwei Bedingungen vor: Wenn sich das Objekt nicht direkt über dem Erdboden oder über dem Wasser befindet (Vögel, Flugzeuge, Wolken, Gestirne) und bei verminderten Sichtbedingungen (Nebel, Dunkelheit). Zwar bleibt das Verhältnis der wahrgenommenen Größe/Entfernung immer annähernd konstant, d. h. je entfernter ein Objekt wahrgenommen wird, um so größer muß es sein, doch beim Fehlen jedes Anhaltspunktes für Größe oder Entfernung sind im Prinzip unendlich viele Interpretationen möglich.

Es kommt unter den genannten Wahrnehmungsbedingungen daher häufig zu groben Fehleinschätzungen, die noch dazu individuell sehr unterschiedlich ausfallen. So kann es sich z. B. bei der Silhouette eines Flugzeuges ebensogut um einen 10 m langen Privat-Jet, der in 1000 m Höhe fliegt, wie um eine 40 m lange Linienmaschine, die in 4000 m Höhe fliegt, handeln. Hier gibt es allerdings noch einen zusätzlichen Anhaltspunkt, der uns unter Umständen eine realitätsgerechte Größen/Entfernungsschätzung ermöglicht: Dies ist die Geschwindigkeit des Flugobjektes. Bei gleicher Winkelgeschwindigkeit müßte das 4000 m hoch fliegende Flugzeug viermal so schnell fliegen wie das 1000 m hoch fliegende. Auf Größen/Distanz-Schätzungsfehler bei Wolken und Himmelskörpern wird im folgenden Abschnitt eingegangen.

Es gibt Untersuchungen über die Möglichkeit der Distanz/Größenschätzung bei Nebel, die für den Sportschiffer von Bedeutung sind. Bei einer Sichtweite zwischen 30 m und 130 m hat sich herausgestellt, daß Objekte etwa doppelt so weit entfernt (und damit auch doppelt so groß) erscheinen wie bei klarem Wetter. Die Abb. 10 kann nur einen sehr stark abgeschwächten Eindruck von dieser Erscheinung vermitteln. Gleichzeitig kann es bei Nebel Täuschungen über die Geschwindigkeit anderer Schiffe, besonders wenn sie nahezu auf Gegenkurs liegen, geben. Da solche Schiffe, wenn sie optisch in Sicht kommen, erheblich weiter entfernt geschätzt werden als sie es tatsächlich sind, scheint ihre Geschwindigkeit sehr hoch zu sein, wenn sie bei der Annäherung in einer gegebenen Zeit praktisch die doppelte Raumentfernung überwinden.

Generell gilt als Wahrnehmungsgesetz, daß ein geringerer Abhebungsgrad (Kontrast) zwischen Objekt und Hintergrund mit größerer räumlicher Tiefe einhergeht. Fotografen und Künstler nennen diesen Effekt *Luftperspektive,* da auch bei klarem Wetter entferntere Objekte immer weniger abgehoben er-

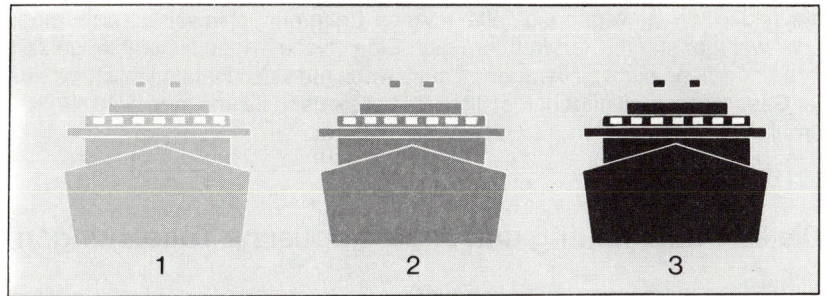

Abb. 10   Die Einschätzung der Größe und der Entfernung eines Schiffes hängt ab vom Kontrast (Sichtigkeit): Schiff (1) wirkt ferner und größer als die Schiffe (2) und (3).

scheinen als nähere Objekte. In der Seefahrt scheint diese Entfernungstäuschung bei verminderten Sichtbedingungen, also bei Nacht oder bei Nebel, von großer Bedeutung zu sein, da viele Havarien und Kollisionen darauf zurückgeführt werden, daß Landvorsprünge, Leuchttürme oder andere Schiffe in größerer Entfernung gesehen wurden als sie es tatsächlich waren. Natürlich kann auch in den genannten Fällen die Bewegungsparallaxe ein wertvoller Hinweis für die Entfernungsschätzung sein: Langsam auswandernde Schiffe oder Landvorsprünge sind weiter entfernt als schnell auswandernde.

Einen Sonderfall bilden noch punktförmige Lichtquellen bei Dunkelheit, wie z. B. Positionslaternen, beleuchtete Tonnen oder Leuchtfeuer. Ebenso wie bei Fixsternen und Planeten, über deren tatsächliche Größe und Entfernung wir keinerlei Anhaltspunkte haben, ist auch die Entfernung von Lichtern auf dem Wasser praktisch nicht mit einiger Genauigkeit einzuschätzen; besonders schwer fällt dies bei extrem guter Sicht. Punktförmige Lichtquellen ändern nämlich mit zunehmender Annäherung ihre Größe nur so wenig, daß wir dies nicht wahrnehmen können. Auch eine Zunahme der Helligkeit bleibt in der Regel unterhalb der Wahrnehmungsschwelle. Der Segler muß daher außerordentlich vorsichtig sein, wenn er nachts ein Kap mit vorgelagerten Untiefen runden will und sich dabei auf seine visuelle Entfernungsschätzung des entsprechenden Leuchtfeuers verläßt. Wenn das Leuchtfeuer sichtbar näher kommt, dann kann das Schiff bereits jeden Augenblick Grundberührung bekommen. Diese Erfahrung kann der Segler zur Warnung am besten des Nachts beim Ansteuern einer Tonne machen, die er ungefähr recht voraus hält, und die damit auch aufgrund der fehlenden Bewegungsparallaxe keine Entfernungshinweise durch mehr oder weniger starkes Auswandern gibt. Eine solche Tonne scheint lange Zeit ihre Entfernung nicht zu verändern, auch wenn man sich ihr tatsächlich mit guter Geschwindigkeit nähert. Plötzlich aber ist sie dann da und man sieht sie, bedrohlich für das Schiff, nur wenige Meter entfernt.

Die Mondtäuschung und andere optische Täuschungen

Ein bekanntes Phänomen, das wohl jeder, der zur See fährt, schon einmal beobachtet hat und das manchem Astronavigator schon Kopfzerbrechen bereitet hat, ist die *Mondtäuschung*: Sieht man den Mond direkt über der Kimm, so wirkt er erheblich größer, als wenn er höher am Himmel steht. Das gleiche gilt für die Sonne: Sie wirkt vor ihrem Untergang und nach ihrem Aufgang erheblich größer als in größeren Höhen über der Kimm. Wenn wir die Größe des Sonnendurchmessers mit dem Sextanten zu verschiedenen Zeiten nachmessen, so finden wir nur Unterschiede von höchstens 1′ im Vergleich zwischen Sommer und Winter. Im Zeitpunkt größter Sonnennähe im Winter (Perihel) mißt der Sonnendurchmesser 32,6′ und in der Zeit der größten Sonnenferne im Sommer (Aphel) mißt er 31,6′. Ebenso mißt der Monddurchmesser im Perigäum 33,6′ und im Apogäum 29,4′. Unterschiedliche Sextantwinkel, entsprechend der Höhe des Sonnen- und Mondstandes, finden wir aber nicht und schon gar nicht in der Größenordnung, wie sie uns erscheinen. Die beiden Gestirne erscheinen nämlich über dem Horizont um etwa 50% größer (entsprechend also ca. 15′) als im Zenit. Es handelt sich hier also um ein *subjektives Phänomen,* dessen Entstehung im folgenden erklärt werden soll.

Die meisten Menschen sehen den Himmel über sich nicht als eine Halbkugel, sondern als ein abgeflachtes Gewölbe (Abb. 11). Läßt man z. B. Versuchspersonen den scheinbaren Mittelpunkt auf dem Bogen zwischen der Kimm und dem Zenit anzeigen, so ergibt sich beim Beobachter der Winkel $\beta = 38°$ gegenüber dem zu erwartenden Winkel $\alpha = 45°$. Dies spricht für die Sichtweise des abgeflachten Gewölbes. Diese Erscheinung hat ihre Ursache darin, daß wir die durch Oberflächentexturen ausgefüllte Strecke zwischen unserem Standort (O) und der Kimm (H) (Kräuselung des Wassers bzw. Oberflächenstrukturen auf der Erde) immer als länger wahrnehmen im Vergleich zu einer leeren, texturlosen Strecke etwa zwischen unserem Beobachtungsstandort (O) und dem

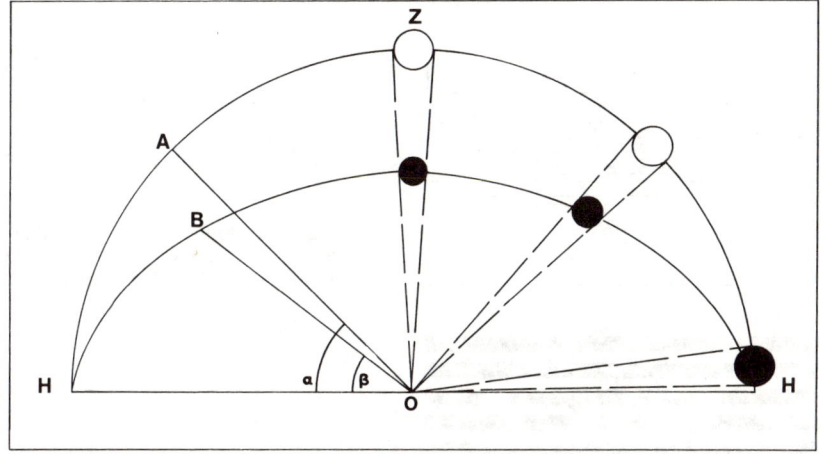

Abb. 11   Das abgeflachte Himmelsgewölbe.

Zenit (Z) (s. Abb. 11). Vernachlässigen wir einmal die geringen Entfernungsunterschiede, die sich durch die eliptische Umlaufbahn des Mondes (bzw. der Sonne) ergeben, so ist der Mond (die Sonne) bei seinen unterschiedlichen Positionen am Himmel objektiv immer gleich weit vom Beobachter entfernt. Subjektiv wird der Mond bzw. die Sonne aber immer auf dem abgeflachten Gewölbe umlaufend gesehen, das bedeutet, über der Kimm wird das Gestirn weiter entfernt als in größerer Höhe oder im Zenit gesehen. Größe und Distanz sind aber, wie wir auf den Seiten 24ff gesehen haben, aufgrund der optischen Gesetzmäßigkeiten unseres Auges so miteinander verbunden, daß Objekte, die einen gleichgroßen Sehwinkel besitzen, in größerer Entfernung auch als größer angesehen werden. Die Abb. 11 zeigt deutlich, wie das Gestirn auf dem abgeflachten Himmelsgewölbe mit zunehmender Annäherung an die Kimm immer größer erscheinen muß.

Eine weitere an den großen Gestirnen zu beobachtende geometrisch-optische Täuschung sei hier noch angefügt: Abb. 12 zeigt, was man in der Realität viel deutlicher beobachten kann, daß nämlich die Sonne hinter einer Wolkenbank nicht mehr kreisrund, sondern als vertikal stehende Ellipse erscheint. Dies hat seinen Grund darin, daß in unserer Wahrnehmung alle Winkel, die vom rechten

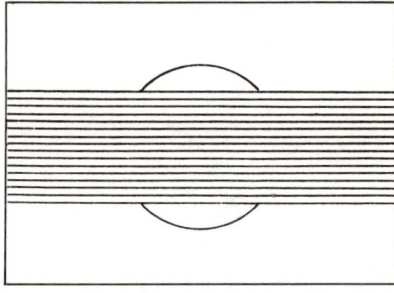

Abb. 12   Die Sonne hinter einem Wolkenstreifen erscheint nicht kreisrund sondern als aufrechtstehende Ellipse.

Abb. 13   Die Poggendorffsche Täuschung: Man lege ein Lineal an die diagonalen Linien.

Winkel (90°) abweichen (hier die vier Winkel zwischen dem Sonnenrand und dem Wolkenstreifen), vergrößert erscheinen, wie dies in Abb. 13 noch deutlicher wird. Auch hier sehen wir die Winkel der Diagonalen zu den waagerechten Linien vergrößert (bzw. deren Komplement verkleinert), so daß die Diagonale treppenförmig unterbrochen erscheint, obwohl sie als durchgehende Gerade gezeichnet ist, was sich durch Anlegen eines Lineals leicht nachweisen läßt. Die scheinbare Vergrößerung von Winkeln in unserer Wahrnehmung hat ihre Ursache darin, daß alle auf unserer Netzhaut perspektivisch verzerrten Winkel in unserem Gehirn wieder „entzerrt" werden müssen, damit ein rechter Winkel auch dann als rechter Winkel gesehen wird, wenn der Standort des Beobachters wechselt.

Die bedrohliche Wolkenwand

Wir haben gesehen, daß die Größenschätzung von Objekten abhängig ist von der Einordnung in einen Textur-Gradienten der Erdoberfläche. Die Größen- und Entfernungsschätzung von Objekten, die sich am Himmel befinden, seien es Ballons, Flugzeuge oder Wolken, fällt demgegenüber außerordentlich schwer, da hier kein Textur-Gradient zur Verfügung steht. Dem Segler, der aufmerksam Wetter und Wetterentwicklung beobachtet, wird schon das Phänomen aufgefallen sein, daß er vor sich eine bedrohliche Wand von Cumulus-Wolken aufgetürmt sieht, die sich bei weiterer Annäherung als aufgelockerte Cumulus-Bewölkung herausstellt. Die Bewölkung hat sich nun in dieser Zeit keineswegs verändert, wohl aber die Perspektive des Seglers: Die Abb. 14 zeigt, wie dieses Phänomen zustande kommt: Da keine Hinweise für eine Entfernungsschätzung der Wolken und auch keine Kenntnisse über ihre Größe bestehen, werden alle Cumulus-Wolken als etwa gleich abständig angesehen (gestrichelte Linie). Dadurch türmen sie sich, wie die Abbildung zeigt, scheinbar übereinander auf und sehen dadurch oft bedrohlicher aus, als sie es in Wirklichkeit sind.

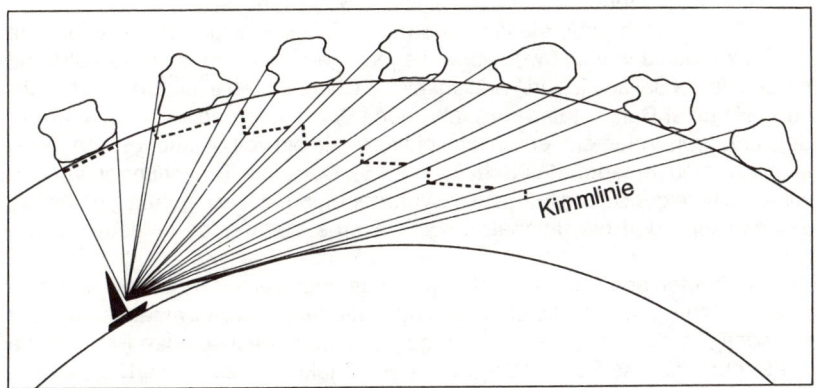

Abb. 14   Die bedrohliche Wolkenwand: Die Entfernung der Wolken wird entsprechend der gestrichelten Linie eingeschätzt; daher scheinen sich die Wolken über der Kimm aufzutürmen.

Paßt unser Schiff in diese Lücke?

Eine weitere allgemeine optische Täuschung, die uns beim Manövrieren unseres Schiffes häufig zu schaffen macht, besteht darin, daß wir die Tendenz haben, Objekte generell größer einzuschätzen als leere Räume. So kommt es, daß wir vor mancher Brückendurchfahrt bangen, ob unser Mast wohl unter dieser Brücke hindurchpaßt, obwohl wir uns im Seehandbuch immer wieder über die Durchfahrthöhe versichert haben. Ähnlich geht es uns, wenn der Hafenmeister uns an einer voll besetzten Pier in eine scheinbar viel zu kleine Lücke einweisen will, bei der sich, wenn wir es dann doch versucht haben, herausstellt, daß vorn und achtern noch je drei Meter Platz sind.

Was ist schwerer: 1 Kilo Federn oder 1 Kilo Blei?

An diesen bekannten Kinderscherz erinnert eine optische Täuschung, der auch Erwachsene gegen besseres Wissen häufig erliegen: *die Gewichts-Volumen-Täuschung.* Tatsächlich erscheint für unseren Kraftsinn ein großes Volumen leichter als ein objektiv gleich schweres kleines Volumen. Umgekehrt wird aber für unseren Gesichtssinn ein größeres Volumen generell mit größerer Masse und damit mit größerem Gewicht identifiziert. So kommt es, daß ein Kielboot auf einem Trailer nach einer statisch äußerst labilen Angelegenheit aussieht, da der Schwerpunkt von uns weit höher liegend gesehen wird als er es aufgrund des schweren Ballastkiels in Wirklichkeit ist. Ebenso wirkt in unserer Wahrnehmung ein unter Ballast (also leer) fahrendes Schiff aufgrund seines viel größeren sichtbaren Volumens erheblich schwerer als ein voll beladenes und damit tiefer eingetaucht fahrendes Schiff (Abb. 15). Derartige Täuschungen verweisen auf eine eigene „Logik" unserer Wahrnehmung, der wir im Alltag oft genug unser Wissen und die rationale Logik unseres Verstandes entgegensetzen müssen.

Die angeführten optischen Täuschungen entstehen zumeist aus Mechanismen unserer Wahrnehmung, die eigentlich dazu dienen, unsere Umgebung *besser* und *richtiger,* das heißt, etwa unabhängig von der wechselnden Perspektive und Entfernung des Beobachters von den Objekten abzubilden. Die meisten optischen Täuschungen unserer alltäglichen Umgebung bemerken wir gar nicht, da wir nicht immer mit dem Zollstock nachmessen, um unsere Wahrnehmungen mit der Realität zu vergleichen. Andererseits bedeutet dies, daß opti-

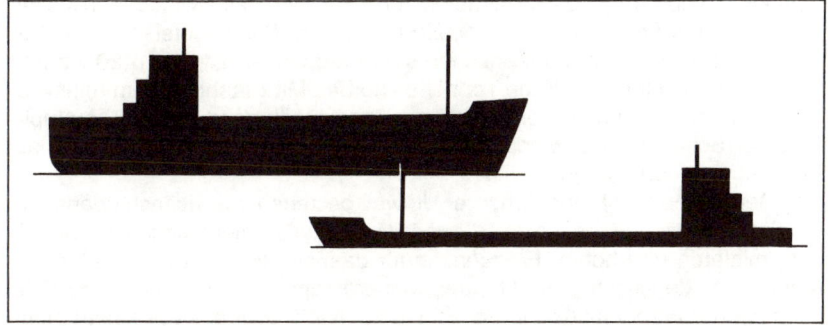

Abb. 15   Welches Schiff sieht schwerer aus?

sche Täuschungen so eindringlich sind, daß wir uns in der Regel nicht gegen
sie wehren können. Die Kenntnis dieser Wahrnehmungsmechanismen wurde
daher zu allen Zeiten von Baumeistern und Designern eingesetzt, um etwas
vorzutäuschen oder um zu erwartende Täuschungen auszugleichen.

Wo liegt die Heultonne? — Wahrnehmung der Richtung und Entfernung von Schallquellen

Mit unserem Gehörorgan können wir nicht nur Geräusche, Musik oder Sprache
wahrnehmen, sondern auch die Entfernung und Richtung der Objekte, von denen der Schall ausgeht. Das Gehör gehört daher ebenso wie das visuelle System zu den *Fernsinnen*, die uns Informationen über die Lage von Objekten im
uns umgebenden Raum vermitteln.
Schallerzeugende Objekte verursachen periodische Dichteänderungen des
umgebenden Mediums (z. B. Luft oder Wasser), die sich als Schalldruckschwingungen mit einer für das jeweilige Medium spezifischen Geschwindigkeit kugelförmig in alle Richtungen ausbreiten und damit auch unsere beiden
Ohren treffen. In der Luft beträgt die Ausbreitungsgeschwindigkeit 333 m/s, im
Wasser ist sie erheblich höher. Im luftleeren Raum gibt es dagegen überhaupt

keine Schallübertragung. Die sinusförmigen Schalldruckschwingungen lassen sich nach ihrer *Frequenz*, ihrer *Amplitude* und ihrer *Phase* unterscheiden. Für das Ohr des jugendlichen Menschen sind Frequenzen zwischen 20 Hz und 20 000 Hz als unterschiedliche Tonhöhen hörbar. Mit zunehmendem Alter wird das hörbare Spektrum an seinem oberen Ende zunehmend kleiner. Die Amplitude der Schalldruckschwingungen − die Schallintensität − wird von uns als Lautheit wahrgenommen.

Alle Geräusche und Klänge unserer Umwelt bestehen aus vielfach überlagerten Sinusschwingungen, so daß die spezifische Zusammensetzung aus niedrigen, mittleren und hohen Frequenzen für das jeweilige Geräusch oder den Klang charakteristisch ist und für uns wiedererkennbar wird. Reine Sinustöne mit nur einer Frequenz existieren nicht in der Natur oder auf Musikinstrumenten, sondern können nur technisch durch Tongeneratoren hergestellt werden. In vielen Geräuschen ist dagegen ein sehr breites Spektrum fast aller vorkommenden Frequenzen in zufälliger Zusammensetzung enthalten: so etwa auf See, bei den Geräuschen von Wasser und Wind bei stürmischem Wetter. In solchem komplexen Rauschen sind natürlich auch all diejenigen Frequenzen enthalten, aus denen Sprache oder Musik zusammengesetzt sind. Deshalb kann es vorkommen, daß der Segler, der solchem Rauschen lange Zeit ausgesetzt ist und dabei noch müde und erschöpft vom Ankämpfen gegen den Sturm ist, der Täuschung unterliegt, Stimmen oder Musik zu hören, auch oder gerade wenn er ganz allein ist. Hierbei handelt es sich nicht etwa um ein psychopathologisches Symptom, sondern um einen ganz normalen, bei vielen Menschen auftretenden Vorgang. Auch in der normalen Umwelt ist unser Gehörsystem (dazu gehören auch die zum Gehirn leitenden Nervenbahnen) dauernd gezwungen, für uns wichtige Frequenzen aus dem Hintergrund der für uns unwichtigen Geräusche zu selektieren und durch Filterprozesse zu verstärken. Sonst könnten wir die Stimme eines Crewmitgliedes, das uns vom Vorschiff aus etwas zuruft, auch nicht verstehen. Im Grenzfall der Ermüdung und Erschöpfung und der motivationalen Lage, daß vielleicht der Wunsch besteht, eine Stimme zu hören, kann es durchaus passieren, daß unser Gehörsystem etwas aus der Realität heraushört, das tatsächlich nicht vorhanden ist.

Auf dem Wasser, besonders unter verminderten Sichtbedingungen wie Nebel, ist die richtige Einschätzung der Richtung und Entfernung einer Schallquelle, etwa einer Heultonne oder eines Schiffes, das Nebelsignale gibt, von großer Bedeutung. Nebel, also die mit Wassertröpfchen durchsetzte Luft, trägt Schall allerdings erheblich besser als trockene Luft. Selbst leiseste Geräusche durchdringen den Nebel auf große Entfernung. Abstandsschätzungen sind daher im Nebel sehr kritisch zu betrachten.

Die richtige Wahrnehmung der *Entfernung* einer Schallquelle setzt zudem voraus, daß man bereits eine Vorstellung von der Lautstärke dieser Schallquelle hat. Die Intensität des Schalls nimmt mit dem Quadrat der Entfernung von der Schallquelle ab, d. h., ein leises Geräusch kann von einer naheliegenden leise aussendenden oder einer entfernten laut aussendenden Schallquelle stammen. Um hier eine richtige Interpretation der Sinnesdaten zu erreichen, müssen sämtliche verfügbaren Informationen auch anderer Sinnesgebiete zusammengefaßt werden. Glücklicherweise gibt es für die Entfernungsschätzung von Schallquellen nicht nur das *Intensitätskriterium,* sondern noch einen zusätzlichen Hinweis: Bei reinen Sinustönen versagt nämlich unsere Fähigkeit zur Entfernungsschätzung; dies weist darauf hin, daß das *Frequenzspektrum* bei der Entfernungsschätzung eine Rolle spielt. Tatsächlich werden bei der Luftschall-Leitung über größere Entfernungen hin die hohen Frequenzen aus dem Frequenzspektrum von Geräuschen und Klängen herausgefiltert, so daß ein entfernteres Geräusch dumpfer klingt und ein näheres Geräusch heller. Das jedem geläufige Beispiel hierfür ist der Gewitterdonner, der in großer Nähe hell und krachend ertönt und in größerer Entfernung dumpf und grollend erscheint. Dementsprechend wird eine dumpf und leise wahrgenommene Signalpfeife eher auf eine größere Entfernung des aussendenden Schiffes hinweisen als eine hellere und lautere, die eine größere Nähe des möglichen Kollisionsgegners signalisiert.

Leichter als die akustische Entfernungslokalisierung eines Schiffes, die viel Erfahrung voraussetzt, ist die Feststellung der *Richtung* einer Schallquelle. Unter günstigen Bedingungen können Azimut-Unterschiede von 1° differenziert werden. Unter ungünstigeren Bedingungen und bei der gleichzeitigen Lokalisation von Schallquellen mit unterschiedlichen Azimuten beträgt die Genauigkeit immer noch 10°. Wie kommt diese erstaunliche Leistung unseres Gehörsystems zustande? Im wesentlichen durch die Ausnutzung der Tatsache, daß dieses System als Doppelorgan angelegt ist. Angenommen, eine Schallquelle befindet sich in einem Azimut von 45° zur Medianebene („Recht-voraus-Richtung") unseres Kopfes, so ist ein Ohr der Schallquelle zugewandt, während das andere im Schallschatten liegt. Daraus resultiert ein *Intensitätsunterschied,* mit dem die Schalldruckwellen die beiden Gehörorgane des inneren Ohres erreichen. Da niederfrequente Töne den Kopf umrunden können, während hochfrequente Töne eher von der der Schallquelle zugewandten Seite des Kopfes reflektiert werden, ist die Wahrnehmung der Intensitätsdifferenz zwischen beiden Ohren vornehmlich im Bereich höher frequenter Geräusche effektiv. Als zweiter Mechanismus, der die großen Leistungen der Schallrichtungslokalisation absichert, spielt die *Zeitdifferenz* des Eintreffens der Schalldruckschwingungen in den beiden Ohren eine Rolle. Wie erwähnt liegt die Geschwindigkeit des Schalls in der Luft bei 333 m/s. Der Abstand beider Ohren durch den Kopf gemessen liegt bei 16 cm. Demnach würde ein Schall, der von „querab" kommt, 16 cm weiter wandern müssen, um an das Ohr im Schallschatten zu gelangen. Dies entspricht einer Zeitdifferenz von 1/2 ms (Millisekunde). Wenn das Geräusch vorlicher einfällt, dann unterscheidet unser Gehörsystem noch Zeitunterschiede bis zu 0,05 ms (also den zwanzigtausendsten Teil einer Sekunde). Zeitdifferenzen können natürlich nur zu Beginn und am Ende oder bei jeder Änderung eines Geräusches wahrgenommen werden. Damit die Lokalisation auch von Geräuschen, die über mehrere Sekunden gleichförmig anhalten, möglich ist, unterscheidet unser Gehörsystem zusätzlich noch die *Phasenunterschiede* der auf die beiden Ohren eintreffenden Schalldruckschwingung. Dieser Phasenunterschied ist ein bei einem bestimmten Azimut der Schallquelle feststehender und dauernd meßbarer Wert, der allerdings bei hohen Frequenzen, wo die Phasen sich schnell wiederholen, ungenau wird. Deshalb erleichtert die Feststellung der Phasendifferenz vornehmlich die Lokalisation niederfrequenter (also tieftöniger) Geräusche.

Ein Problem besteht nun allerdings noch darin, daß es für alle drei genannten Indikatoren, also für jede Intensitätsdifferenz, Zeitdifferenz und Phasendifferenz, eine ganze Reihe von Orten in dem den Beobachter umgebenden kugelförmigen Raum gibt, für die sie zutreffen. So erzeugt etwa eine Schallquelle, die in $\alpha = 15°$ an Steuerbord voraus liegt, die gleiche Intensitätsfrequenz, Zeitdifferenz und Phasendifferenz wie eine Schallquelle mit einer Peilung von $180° - \alpha$ $= 165°$. Wir haben hier ähnliche Verhältnisse wie bei Funkpeilern, bei denen, nachdem sie auf ein Minimum abgeglichen sind, der angepeilte Sender in zwei um 180° verschiedenen Richtungen liegen kann. Unser Gehörsystem löst dieses Problem, wie die Abb. 16 zeigt, durch kleinere Kopfbewegungen während des Peilens, die bewirken, daß die angepeilte Schallquelle in der richtigen Richtung ($\alpha = 0°$) ortskonstant bleibt, während sie in der um $180° - \alpha$ verschiedenen (falschen) Richtung selbst um den doppelten Winkel der Kopfbewegung in die entgegengesetzte Richtung bewegt erscheinen würde.

Kopfbewegungen bei der Schall-Lokalisation sind auch deswegen günstig, weil wir Schallquellen, die außerhalb der Medianebene unseres Kopfes liegen, also

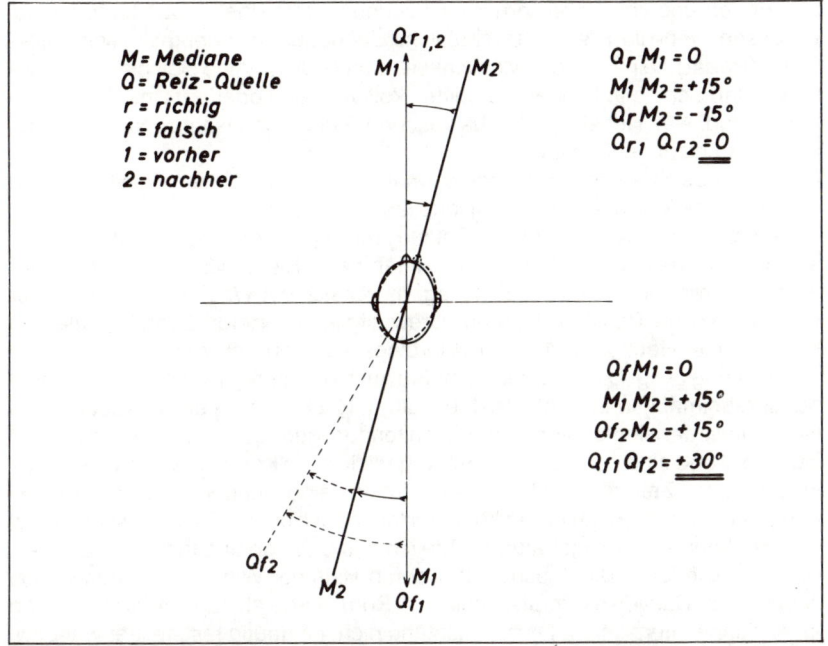

Abb. 16   Durch Kopfbewegungen ($M_1 \Leftrightarrow M_2$) wird erkannt, ob sich eine Schallquelle (Q) vorn oder hinten befindet (siehe Text).

etwa aus 45° seitlich einfallen, leichter und sicherer lokalisieren können. Die Suchbewegung unseres Kopfes, etwa bei dem Versuch der Lokalisation eines Nebelhorns, wird sich also immer schräg zu dem angepeilten Objekt einpendeln.

In der Praxis ist eine richtige und *sichere* Lokalisation von Schallquellen deshalb schwierig, weil es Bedingungen gibt, die die Ausbreitungsgeschwindigkeit und -richtung der Schalldruckschwingungen verzerren. Hier ist an die Refraktionen des Schalls bei unterschiedlichen Lufttemperaturen und bei unterschiedlicher Luftdichte sowie an die vielfältigen verzerrenden Wirkungen des Windes zu denken. Trotz der möglichen Genauigkeit sollte sich daher der Segler im Nebel nur auf seine Fähigkeit zur akustischen Lokalisierung der Richtung

41

und Entfernung von Nebelhörnern, Heultonnen, signalgebenden Schiffen etc. verlassen, wenn ihm seemannschaftliche Überlegungen oder technische Hilfsmittel (Radar) keine andere Möglichkeit offen lassen. Viele Beispiele sind bekannt, daß Schiffe mit anderen Schiffen kollidiert sind oder auf Untiefen aufgelaufen sind, weil Nebelsignale aus falschen Richtungen wahrgenommen oder überhaupt nicht gehört wurden.

Das folgende Erlebnis möge noch einmal die Problematik der Richtungs- und Entfernungslokalisation von Schallquellen verdeutlichen:

Unterwegs in der westlichen Ostsee mit dem Zweimast-Gaffelschoner „Godeke Michels" überfiel uns in der Einfahrt zum Kleinen Belt plötzlich dichter Nebel. Da wir auf einem Kreuzkurs lagen, war sich der Wachführer nicht sicher über die exakte Position. Mehrere Crewmitglieder orteten Schallsignale, die wie von einer Heultonne klangen. Allerdings war man sich zunächst nicht über die Richtung einig. Die Entfernung mußte auch größer sein, da das Schallsignal nur unregelmäßig und nicht allzu laut auftrat. Nach kurzer Zeit behaupteten die Crewmitglieder, mindestens zwei Heultonnen geortet zu haben, eine nach Backbord und eine nach Steuerbord. Ein Blick in die Karte versicherte mir, was ich die ganze Zeit gedacht hatte: Hier gibt es keine Heultonne in einer Entfernung, daß man sie noch hören könnte. Nachdem sich die Crew inzwischen auf drei Heultonnen geeinigt hatte, suchte ich das Deck ab und fand vor dem Kartenhaus eine leere Bierflasche, über deren Hals der Wind die Geräusche erzeugt hatte. Das leise dumpfe Pfeifen an Bord wurde als das entfernte Heulen einer Tonne interpretiert. Da die Richtung nicht eindeutig feststellbar war bzw. nicht mit der Entfernung übereinstimmte, entstand je nach der Position der Crewmitglieder an Deck eine unterschiedliche Richtungsinterpretation. Vielleicht sollte für den nächsten Törn lieber wieder Dosenbier eingekauft werden.

Welches ist die richtige Kimm? —
Kontrast, Irradiation, Angleichung

Sehen ist *Kontrast* sehen. Im Nebel, wo es keine Kontraste, das heißt Hell-Dunkel-Sprünge gibt, sehen wir kaum etwas, obwohl sehr viele und ausreichend starke Lichtreize unsere Netzhaut treffen. Das Problem liegt darin, daß alle diese Lichtreize in ihrer Intensität völlig gleichartig sind; daher entsteht, was der Psychologe ein *homogenes Ganzfeld* nennt. Unter solchen Bedingungen sieht man weder Objekte, noch räumliche Tiefe, noch so etwas wie eine Wand, deren Entfernung man bestimmen könnte. Daher hat Nebel eine so desorientierende Wirkung. In einer solchen Umgebung hat schon der feinste Helligkeitssprung die Tendenz, zum konkreten Objekt zu werden. Es ist erstaunlich, welche Feinheiten unser Auge differenzieren kann, wenn wir etwa die Takelage eines Toppsegelschoners im Nebel zu erkennen vermögen, obwohl doch kaum mehr als einige unregelmäßige Schatten da zu sein scheinen. Der beste Fotoapparat der Welt könnte eine solche Leistung nicht erbringen. Unser Auge schafft es durch zwei Mechanismen:

1) Den *Randkontrast* (s. Abb. 17), durch den Felder fast gleicher Helligkeit an ihren Rändern in entgegengesetzter Richtung verstärkt werden, so daß sie sich relativ klar voneinander abheben; und

2) die *subjektiven Konturen:* Um die Umwelt mit ihren in sich geschlossenen Objekten realitätsgerecht abzubilden, besitzt unser Wahrnehmungssystem eine sogenannte *Schließungstendenz,* die bewirkt, daß bei optisch unvollständig abgebildeten Objekten subjektive Konturen zur Vervollständigung hinzugefügt werden (s. Abb. 18).

Bei klarer Sicht sind die Objekte zu Wasser und zu Lande in der Regel gut voneinander abgehoben. Feinere Helligkeitssprünge, die im Nebel noch ein vollständiges Wahrnehmungsobjekt hergegeben hätten, werden in klarsichtiger Umgebung durch das Vorhandensein von scharfen Helligkeitssprüngen nun allerdings unterdrückt. Flächen, deren Helligkeit sich kontinuierlich verändert, werden bei dem Vorhandensein ausreichend starker Kontraste als durchgehend gleich hell gesehen (*Angleichung*). Besonders wichtig für den Seemann werden die mit dem Kontrastsehen zusammenhängenden Phänomene bei der *Kimmbeobachtung* zur Messung der Höhe von Gestirnen. Eine ausreichend konturierte Kimm ist die Voraussetzung für eine genaue Messung, bei der ja bekanntlich kleinste Fehler sehr große und lebensbedrohliche Positionsverset-

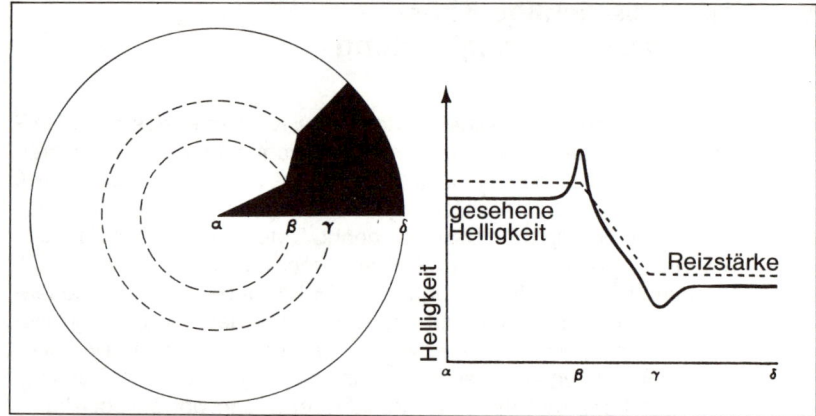

Abb. 17   Bei schneller Drehung der Scheibe (links) erscheinen an den Sprüngen in der Helligkeitsverteilung an den Stellen β und γ Kontraststreifen, wie sie im Diagramm (rechts) dargestellt sind.

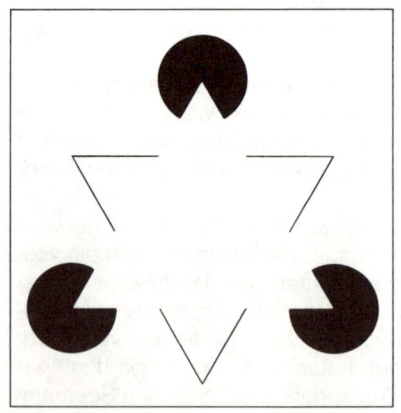

Abb. 18 Subjektive Konturen: Die Begrenzungen des auf der Basis stehenden Dreiecks sind deutlich sichtbar, obwohl sie nur in kurzen Teilstücken gezeichnet sind.

zungen bewirken können. Zwei um nur 2′ falsch gemessene Höhen können schon zu einem Fehlerquadrat von 4 sm Seitenlänge führen. Daß sich eine durch hohe Luftfeuchtigkeit verwaschene Kimm nicht zur Höhenbestimmung

von Gestirnen eignet, ist jedem Astronavigator klar; gefährlicher kann ihm dagegen eine klar konturierte, aber durch subjektive oder objektive Bedingungen
nur vorgetäuschte Kimm werden.
So scheint etwa die Kimm unter der niedrig stehenden Sonne höher zu liegen;
die Mondkimm jedoch liegt bei nächtlicher Beobachtung unter der tatsächlichen Kimm. Wie kommt diese Täuschung zustande?
Abb. 19 veranschaulicht, daß die niedrigstehende Sonne eine starke Spiege-
lung auf dem Wasser hervorruft. Diese hebt sich hell gegenüber dem etwas
dunkleren Hintergrund des Himmels ab. Die neben dem auf das Wasser ge-
spiegelten Weg der Sonne liegenden Wasserflächen heben sich im Vergleich
dazu dunkel gegenüber dem Himmel ab. An Hell-Dunkel-Grenzen entsteht nun
aber, u. a. aufgrund unbemerkter minimaler schneller Bewegungen unserer
Augen, ein Unschärfebereich, der um so größer ist, je stärker der Kontrast ist.

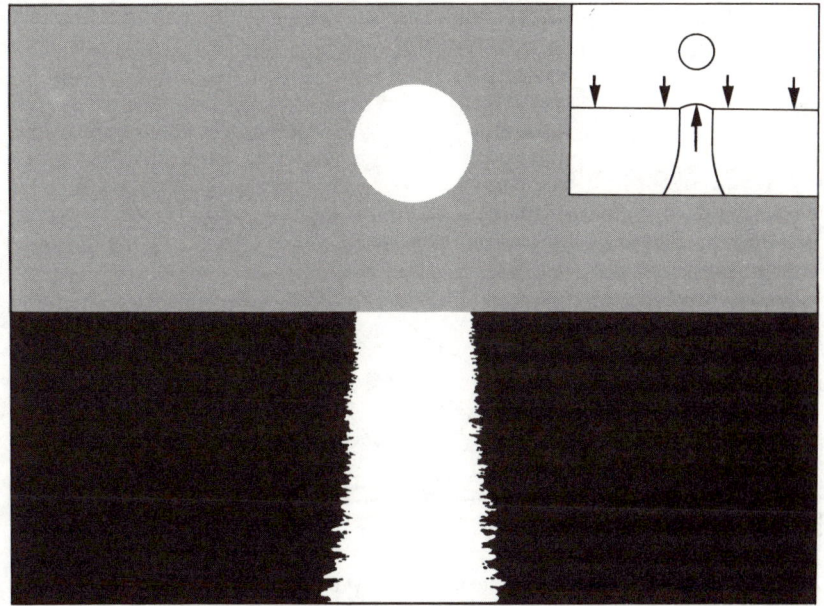

Abb. 19   Die Kimm unter der Sonne scheint sich aufzuwölben (siehe Text).

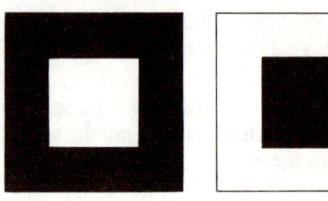

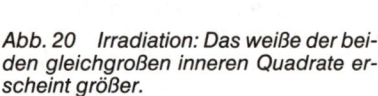

Abb. 20   Irradiation: Das weiße der beiden gleichgroßen inneren Quadrate erscheint größer.

Dieser Unschärfebereich wird generell dem helleren Feld hinzuaddiert. Man nennt diesen Effekt *Irradiation* (s. Abb. 20). Dadurch entsteht eine gegenläufige (subjektive) Verschiebung der Kimm, die in einer Aufwölbung der Kimm unter der Sonne resultiert. Man vermeidet den daraus entstehenden Höhenwinkelfehler, indem man den Kontrast an der Kimm durch die Vorschaltung eines Fil-

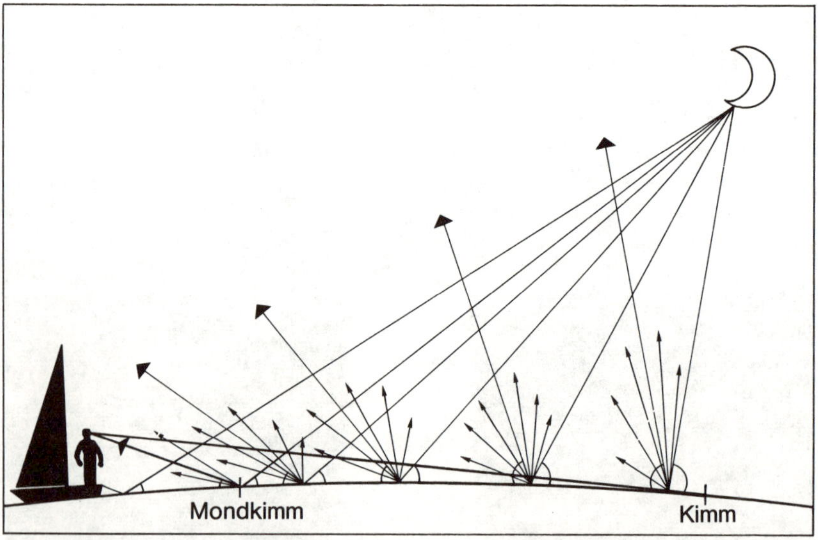

Mondkimm   Kimm

Abb. 21   Die Mondkimm: Das meiste Mondlicht wird von der Wasseroberfläche gemäß den optischen Gesetzen (Einfallswinkel = Ausfallwinkel) in den freien Raum reflektiert. Wir sehen daher bei Mondlicht eine nach vorn verlagerte, tieferliegende Kimm.

ters vor den kleinen Spiegel des Sextanten reduziert. Am großen Spiegel haben wir ja sowieso schon den überstarken Kontrast der Sonne durch entsprechende Filter vermindert.

Etwas anders liegt das Problem der Mondkimm bei nächtlicher Beobachtung. Auch der Mond spiegelt in einer klaren Nacht seinen Weg auf die Wasseroberfläche, und wir meinen an dessen Ende die Kimm klar zu erkennen. Die Abb. 21 zeigt aber (die tatsächlichen Verhältnisse stark übertreibend), daß die durch das Mondlicht verursachte kontrastreiche Kimm weit vor der tatsächlichen kontrastarmen Kimm liegt. Letztere bleibt aber aufgrund des starken Kontrastes der Mondkimm für uns unsichtbar, sie wird vom Auge an die umgebende Dunkelheit *angeglichen*. Die tatsächliche Sextanthöhe des Mondes ist daher immer geringer als die über der „Mondkimm" gemessene. In dieser Situation können wir uns auch nicht durch zusätzliche optische Mittel behelfen, sondern müssen zumindest auf kleinen und mittleren Breiten auf die nächtliche Höhenbestimmung des Mondes verzichten. Auf hohen Breiten kann die nachts nur wenig hinter die Kimm versinkende Sonne eine permanente Dämmerung erzeugen und damit Gestirnsmessungen über der Kimm die ganze Nacht über möglich machen.

Die bunte Welt des Segelns? —
Etwas über Farbwahrnehmung

Die Umwelt des Seglers ist meistens farblich relativ gleichförmig. Es überwiegen blaue, graue und grünliche Farbtöne, allerdings in vielen Abstufungen und Schattierungen. Die Farben haben eher impressionistischen als expressionistischen Charakter. Kontrastreiche und hoch gesättigte Farben treten selten auf und weisen in der Regel auf andere Fahrzeuge (Spinnaker!) oder terrestrische Objekte hin.

Dennoch muß jeder, der in irgendeinem Revier verantwortlich ein Schiff führen will oder an der Schiffsführung beteiligt ist, ein gutes Farbunterscheidungsvermögen besitzen und dies vor dem Erwerb eines Wassersportführerscheines oder eines Patentes durch ein ärztliches Zeugnis nachweisen. Durchschnittlich 10% aller Männer werden Schwierigkeiten haben, diesen Nachweis zu führen, da in dieser Häufigkeit Farbsinnesstörungen des Rot-Grün-Systems als geschlechtsgebundene genetische Defekte in der Bevölkerung verbreitet sind.

Hier haben Frauen, bei denen Farbsinnesstörungen erheblich seltener auftreten, eine echte Chance, die Männer zu überholen.

Die psychologischen und physiologischen Mechanismen der Farbwahrnehmung werden seit über 150 Jahren intensiv untersucht und können heute noch nicht im entferntesten als geklärt angesehen werden. Fest steht lediglich, daß bezüglich der äußeren, physio-chemischen Prozesse auf der Netzhaut ein Drei-Farben-System angenommen werden kann, nach dem sich aus den Wellenlängen für rot, blau und grün alle anderen Farben additiv zusammenmischen lassen (darauf basiert das Farbfernsehen). Auf psychologischer Ebene müssen wir eher zwei komplementäre Farbsysteme – ein Rot-Grün-System und ein Gelb-Blau-System – annehmen, nach denen die Farbadaptation und die Farbsinnesstörungen erklärt werden können.

In der farblich gleichförmigen Umgebung des Meeres können kleinste kontrastreiche Farbpunkte aus großer Entfernung erkannt werden, noch ehe, wie etwa bei Tonnen, deren Form, geschweige denn deren Toppzeichen, erkennbar ist. Rote Tonnen werden im allgemeinen erheblich besser und aus größerer Entfernung erkannt als grüne Tonnen. Die Erkennungsleistungen bei grünen Tonnen haben sich erst seit der Einführung der Leuchtfarben in vielen europäischen Gewässern verbessert. Grüne Tonnen, die mit nichtleuchtender Farbe gestrichen sind, werden auf große Entfernungen als schwarz angesehen. Sie heben sich auch generell weniger von dem blaugrünen Hintergrund ab.

Eine bekannte, von Seefahrern häufig berichtete Täuschung besteht darin, daß nachts grün leuchtende Tonnen aus großer Entfernung zunächst gelblich gesehen werden (und damit leicht mit weiß beleuchteten Tonnen verwechselt werden) und daß weiß leuchtende Tonnen in der Entfernung zunächst mit einem rötlichen Schein auftreten. Letzteres Farbphänomen können wir auch bei der untergehenden Sonne beobachten, die über dem Horizont eine zunehmend rötliche Farbe annimmt. Diese Farbverschiebungen haben allerdings keine psychologische, sondern physikalische Ursachen; sie beruhen auf den Filtereigenschaften der Luft für Lichtwellen unterschiedlicher Wellenlänge.

Abb. 22 stellt das Spektrum des sichtbaren Lichts dar: Kurzwelliges Licht erscheint blau, langwelliges rot, dazwischen liegen die übrigen Farben des Regenbogens. Da die Luft nie ganz rein ist, sondern von Wasserdampf, Staubteilchen, Bakterien (sog. Luftplankton) durchsetzt ist, werden die Lichtwellen beim Durchdringen der Luft zerstreut. Diese Streuung findet nun für kurzwelliges Licht ganz wesentlich stärker statt als für langwelliges Licht. Dadurch erklären sich auch die genannten Farbverschiebungen, wenn die Lichtwellen große Di-

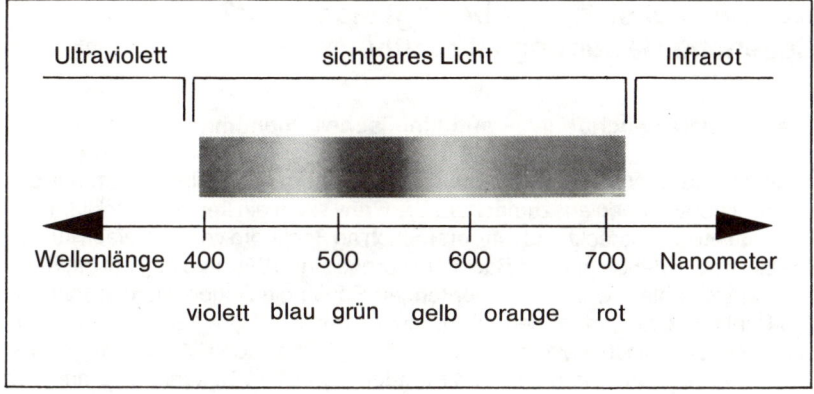

Abb. 22   Das Spektrum des sichtbaren Lichts.

stanzen Luft durchqueren müssen. Grünes Licht besitzt sowohl bläuliche wie auch gelbliche Anteile; die kurzwelligen bläulichen Anteile werden stärker am Luftplankton zerstreut, übrig bleibt der größere Teil der gelblichen Anteile. Weißes Licht besteht aus einem Gemisch von Lichtwellen aller Längen. Wenn hier die kurzwelligen (bläulich-grünlichen) Anteile weggefiltert werden, bleiben die gelben und roten Anteile übrig, und das weiße Licht erhält auf größere Entfernung eher einen rötlichen Schimmer.

Das Gesagte trifft allerdings nur für selbstleuchtende Lichtquellen zu. Die Atmosphäre selbst und lichtschwache Objekte erscheinen in der Entfernung eher bläulich.

Die Farbe eines Objektes auf dem Wasser, also etwa einer Tonne oder eines Schiffes, bestimmt daher auch mit, in welcher Entfernung dieses Objekt gesehen wird. Rote Farben erscheinen generell näher, verglichen mit blauen Farben. Dies mag an der erwähnten Tatsache liegen, daß durch die Atmosphäre entfernter liegende lichtschwache Objekte einen leichten Blaustich bekommen, so daß wir gelernt haben, rote Objekte als näher zu bestimmen. Es ist aber wichtig zu wissen, daß sich dieser Effekt in der Dämmerung umkehrt: Hier scheinen blaue Objekte näher zu liegen als rote, weil das dunkel-adaptierte Auge sensibler für blaues als für rotes Licht ist. Dementsprechend sehen rote Tonnen mit zunehmender Dämmerung schwarz aus.

Was bewegt sich, was bewegt sich nicht? – Gesehene Bewegung ist relativ

Das versetzte Leuchtfeuer – autokinetisches Phänomen

In stockfinsterer Nacht steht man an Deck, es herrscht mittlere Sicht, nur die Kimm ist gerade eben auszumachen. Die Crew sucht ein Leuchtfeuer Blz. 10 s. Einer hat etwas entdeckt und ruft „drei Strich an Backbord voraus". Nach kurzer Zeit sieht auch der Skipper an Backbord voraus einen Blitz und beginnt die Kennung auszuzählen, wobei er in der langen Pause die Augen wie gebannt auf den Punkt hält, an dem er den Blitz gesehen hat: 9, 10, 11, 12, 13, 14, ... kein Blitz erscheint. Nach weiteren 16 Sekunden sieht er den Blitz wieder – zwei Strich an Backbord voraus. Er zählt wieder – nach 10 Sekunden kommt der Blitz – aber in vier Strich. Leuchtfeuer, die ihren Ort wechseln, gibt es wohl nicht! Zwei verschiedene Leuchtfeuer können es nach der Seekarte in dieser Gegend auch nicht sein. Bleibt nur, daß es sich hierbei um ein subjektives Phänomen handelt.

Betrachtet man für einige Zeit in einem völlig abgedunkelten Raum einen feststehenden Lichtpunkt, so beginnt dieser sich bald zu bewegen: Die gesehenen Bewegungen sind von Beobachter zu Beobachter verschieden, es kommen horizontale und vertikale Richtungsänderungen vor. Die Psychologen nennen diese Erscheinung *autokinetisches Phänomen*. Verantwortlich dafür sind unbemerkte Bewegungen unserer Augen oder auch nur Änderungen der Spannung in den Augenmuskeln, wenn wir uns anstrengen, einen Punkt zu fixieren. Im ersten Fall kommt es zu einer tatsächlichen Verschiebung des Lichtpunktes auf unserer Netzhaut, im zweiten Fall bei einer Veränderung der Spannung in den Augenmuskeln, ohne daß sich das Auge bewegt („isometrisch"), erwartet der Organismus lediglich, daß eine Verschiebung des Lichtpunktes auf dem Augenhintergrund stattfinden wird. In beiden Fällen interpretiert unser Gehirn eine Bewegung des realen Lichtpunktes, da in der stockfinsteren Umgebung ja nichts anderes vorhanden ist, was sich auf unserem Augenhintergrund als Bewegung des umgebenden Gesamtfeldes darstellen könnte.

Der Mangel eines Bezugsrahmens ist denn auch die wichtigste Bedingung dafür, daß ein solcher Effekt des sich scheinbar bewegenden Lichtpunktes auftritt. Nachts auf See haben wir zwar noch die Kimm als horizontales Bezugssystem, diese kann aber nur verhindern, daß ein einzelnes Leuchtfeuer auch vertikale

Sprünge macht. In horizontaler Richtung gibt es dagegen keinerlei andere Bezugspunkte, so daß der einzelne Blitz an verschiedenen Stellen der Kimm immer wieder auftauchen kann. Der Effekt würde natürlich dadurch noch vergrößert, wenn unser Rudergänger ungenau steuert und etwa Abweichungen vom Kurs in der Größenordnung von 10° bis 20° verursacht. Bei dem Ausschauhaltenden bleiben solche langsamen Drehbewegungen des Schiffes aufgrund der Trägheit seiner Gleichgewichtsorgane unterschwellig und damit völlig unbemerkt. Die daraus resultierende Änderung der Seitenpeilung des gesuchten Leuchtfeuers muß daher ebenfalls als Ortsveränderung des angepeilten Objektes interpretiert werden. Dieser Effekt kann sich im ungünstigen Fall mit dem autokinetischen Phänomen addieren, so daß sehr große scheinbare Versetzungen von Leuchtfeuern daraus resultieren können.

Das autokinetische Phänomen zeigt sich natürlich auch bei Festfeuern. Es ist daher auch unter bestimmten Bedingungen (daß nämlich sonst keine Bezugspunkte da sind) außerordentlich schwierig zu entscheiden, ob es sich bei einem weißen Licht um das Hecklicht eines Schiffes oder um ein Festfeuer handelt: Eine leichte Bewegung werden wir aufgrund des autokinetischen Phänomens (und eventueller Steuerfehler) immer erkennen können. Leuchtfeuer sollten wegen dieser Verwechslungsmöglichkeit möglichst keine F.w.-Kennung haben, was glücklicherweise auch selten vorkommt. Aber dem Segler, der schon mal von Elbe 1 kommend den weißen Leitsektor des LF Alte Weser gesucht hat, wird dieses Problem geläufig sein.

Das autokinetische Phänomen ist übrigens sehr anfällig für *Suggestionen.* Wenn mehrere Crewmitglieder sich über die (subjektive und daher möglicherweise unterschiedliche) Bewegungsrichtung eines einzelnen Hecklichtes oder womöglich eines Festfeuers streiten, so braucht der Skipper nur darauf zu bestehen, daß die Lichterscheinung nach achtern auswandert, und binnen kurzem werden – so seine Autorität unangefochten ist – die übrigen Crewmitglieder ihm dies bestätigen. Dies ist ein Beispiel für die soziale Bedingtheit unserer Wahrnehmung.

Springende Lichter — stroboskopische Bewegung

Eine besondere Art von Bewegungserscheinung entsteht, wenn mehrere Blk., Blz. oder Fkl.-Tonnen aus einer bestimmten Perspektive nahe beieinander stehen. Dann kann nämlich ein scheinbares Springen der Lichter von Tonne zu Tonne beobachtet werden, je nach der Koordination ihres An-Aus-Rhythmus. Im Straßenverkehr werden ja solche *stroboskopischen Bewegungen* sogar angestrebt, um etwa die Einfahrt in eine Baustelle zu signalisieren. Auf dem Wasser können solche Lichterscheinungen aber verwirren, da sie in der Seestraßenordnung nicht vorgesehen sind.

Für unser Auge entsteht ein solcher Bewegungseindruck immer dann zwingend, wenn ein Licht erscheint, nachdem unmittelbar vorher an einer anderen Stelle ein Licht ausgegangen ist. Dabei tut es dem Bewegungseindruck, der im übrigen nicht von der Wahrnehmung einer schnellen Realbewegung unterschieden werden kann, keinen Abbruch, wenn das Licht unterwegs seine Farbe — etwa von rot auf grün — wechselt.

Der wandernde Mond — induzierte Bewegung

Am Auftreten des autokinetischen Phänomens haben wir gesehen, daß für das Zustandekommen einer eindeutigen Bewegungswahrnehmung mindestens zwei Objekte in Relation zueinander gesehen werden müssen. Verändert sich der Abstand zwischen den beiden Objekten, so bewegt sich mindestens eines der Objekte, sofern sich nicht der Betrachter bewegt. Welches der beiden Objekte sich bewegt, ist zunächst einmal nicht entscheidbar. Es gelten hier für unsere Wahrnehmung die gleichen Gesetze wie in der Relativitätstheorie der Physik. Ob man sagt, der Segler bewegt sich auf die Küste zu, oder ob man sagt, die Küste bewegt sich auf den Segler zu, ist zunächst einmal völlig gleichgültig. Daß dies nur für den theoretischen Physiker so ist und glücklicherweise in der Praxis nicht für den Seemann, liegt daran, daß sich unsere Wahrnehmung in den Jahrmillionen der Anpassung an die Reizbedingungen auf unserer Erde einen Wahrscheinlichkeitsschluß einprogrammiert hat. Dieser lautet: Wenn ein kleines Objekt sich gegenüber einem größeren Objekt oder einem umgebenden Rahmen verschiebt, so bewegt sich das kleine bzw. eingeschlossene Objekt. Dieses Gesetz führt wohl in über 99 % der auftretenden Fälle zu einer richtigen Abbildung der Realität: In der Regel bewegen sich Tiere, Menschen, Autos, Schiffe usw. vor einem Hintergrund, und es zieht nicht etwa ein Hintergrund an unbeweglichen Objekten oder Lebewesen vorüber. Wir sehen diese Bewegungsverteilung sogar dann richtig, wenn wir das sich bewegende Objekt oder Lebewesen mit unseren Augen verfolgen und sich demzufolge der Hintergrund mit mehr oder weniger großer Geschwindigkeit über unsere Netzhaut bewegt.

Wenn die tatsächlichen Verhältnisse nun aber doch einmal umgekehrt sind, dann werden wir durch die hundertprozentige Einhaltung dieser Regel unseres Wahrnehmungssystems zum Opfer einer Täuschung. Jedem, der schon einmal den nächtlichen Mond bei aufgelockerter Bewölkung beobachtet hat, ist diese Täuschung bekannt: Der Mond scheint hinter den stillstehenden Wolkenfeldern vorbeizuziehen. Dies tut er auch gegen unser besseres Wissen, da er gegenüber den Wolkenfeldern (relativ) feststeht. Die viel langsamere Eigenbewegung des Mondes können wir hierbei vernachlässigen. Diesen Effekt bezeichnen die Psychologen als *induzierte Bewegung,* da die Bewegung bei dieser Täuschung nicht objektiv vorhanden ist, sondern durch das Umfeld induziert wird.

Durch das Umfeld auf ruhende Objekte induzierte Bewegungen sind auf dem Wasser gar nicht so selten zu beobachten. Ein größerer Frachter, der in nicht allzu großer Ferne langsam an einer Tonne vorbeifährt, gibt uns den Anschein, als würde die Tonne in entgegengesetzter Richtung abdriften. Ein weiteres Beispiel zeigt die Abb. 23. Die zwei äußeren Segler bewegen sich objektiv nach rechts. Der zwischen ihnen befindliche Ankerlieger scheint aber statt dessen nach links zu fahren.

Nicht immer sind allerdings die Verhältnisse auf dem Wasser so eindeutig wie der hier dargestellte Fall und lassen das Phänomen schnell als Täuschung erkennen. Besonders nachts ist es auf stark befahrenen Seeschiffahrtsstraßen oder in Verkehrstrennungsgebieten oft nicht leicht, schnell zu erkennen, welches Licht sich in welche Richtung bewegt und welches keine Fahrt über Grund macht. Besonders schwierig wird es, wenn mehrere Schiffe, querab von uns, sich in unterschiedlicher Entfernung befinden. Wenn die Fahrt durchs Wasser zweier Schiffe gleich ist, so ist relativ zu unserem Standort die Winkelgeschwindigkeit des entfernteren Schiffes geringer als die des näheren Schiffes. Trotz eindeutiger Identifizierung der Seitenlaternen kann dabei häufig der Eindruck entstehen, als bewege sich das entferntere Schiff in entgegengesetzter Richtung im Vergleich zum näheren Schiff (s. Abb. 24). In solchen Fällen ist beson-

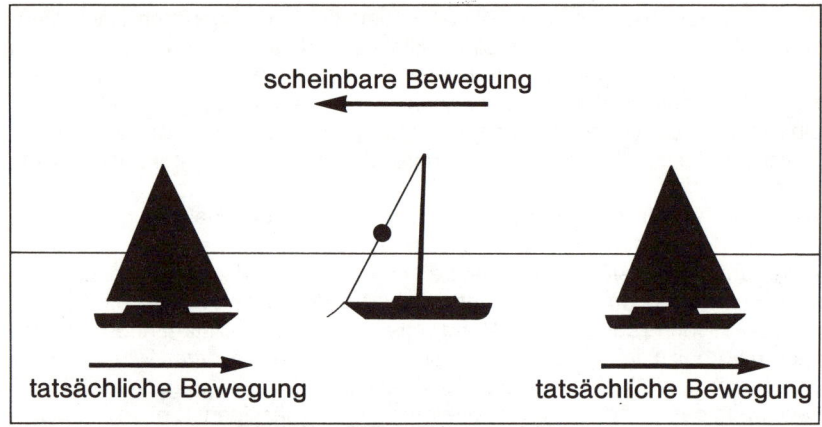

Abb. 23   Wer ist in Fahrt?

dere Vorsicht bei der Einschätzung der Gesamtsituation geboten, und der Skipper tut gut daran, die Wirkung der beschriebenen Bewegungstäuschungen einzukalkulieren.

Noch komplizierter werden die Verhältnisse auf dem Wasser, wenn unser eigenes Schiff neben der (leicht erkennbaren) Fahrt durchs Wasser noch unbemerkt Fahrt über Grund macht, also z. B. bei unbekannten Stromverhältnissen. Wenn wir etwa auf eine Küste zufahren und ein sich zwischen uns und der Küste befindliches Objekt gegenüber der Küste in Fahrt zu sein scheint, so kann es ebenso gut sein, daß wir selbst in entgegengesetzter Richtung durch Strom oder Wind versetzt werden.

Besondere Schwierigkeiten haben Anfänger häufig bei der Beobachtung des Radarschirms. Hier ist ja in der Regel das eigene Schiff als ruhender Mittelpunkt dargestellt. Die Bewegungen anderer Schiffe und Objekte sind daher immer Relativbewegungen zu unserem eigenen Schiff. Ein Gegenkommer kann dabei etwa von einem Schiff, das wir selbst zu überholen im Begriff sind, nur durch die unterschiedliche Annäherungsgeschwindigkeit auf dem Radarschirm unterschieden werden. Die Fahrt unseres eigenen Schiffes wird ja auf dem Radarschirm sozusagen annulliert, und es bedarf einiger Vorstellungskraft und Erfahrung, die Bewegungen auf dem Radarschirm richtig zu interpretieren.

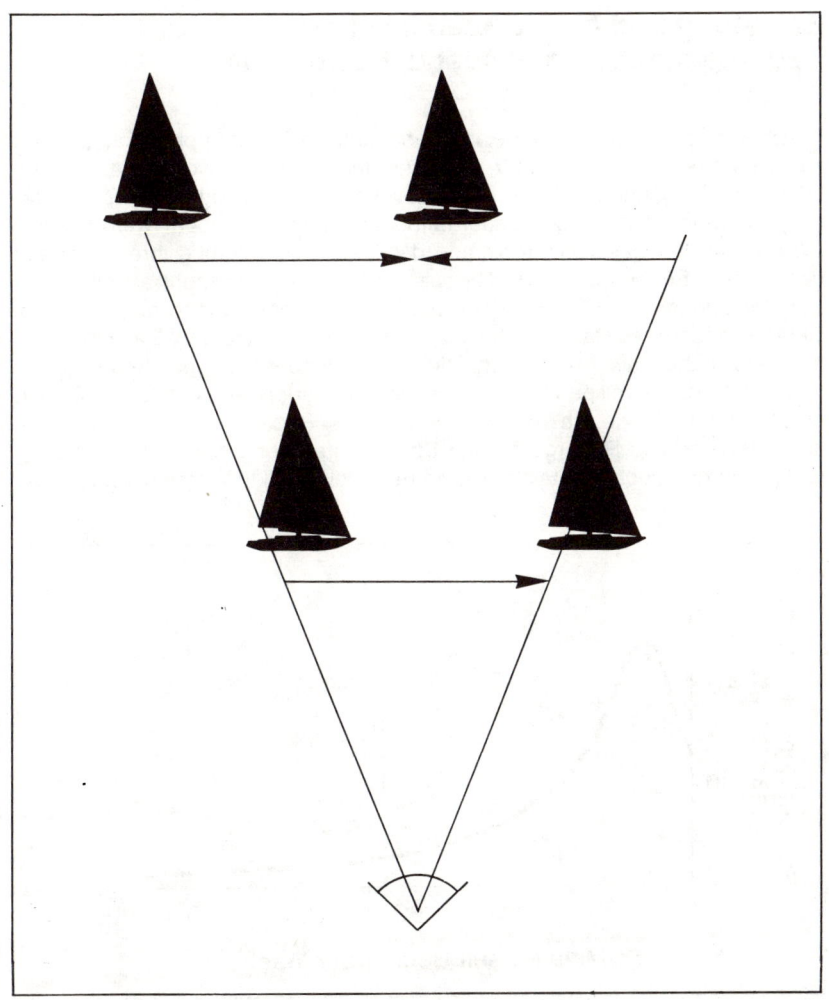

Abb. 24 Bewegung ist relativ: Der entferntere Segler scheint sich langsamer zu bewegen als der nähere, obwohl er objektiv die gleiche Strecke durchläuft.

Belastung und Aufmerksamkeit bei Dauerbeobachtung — Ausguck und Radar

Psychologische Probleme der Radarbeobachtung und -interpretation gehören zu den am besten untersuchten Gebieten der Seefahrtspsychologie. Ja, eine bestimmte Forschungsrichtung der angewandten Psychologie, die *Vigilanz*forschung (Untersuchung der Daueraufmerksamkeit), hat sogar während des Zweiten Weltkrieges von Problemen der Radarbeobachtung ihren Ausgang genommen. Schon damals war beobachtet worden, daß mehr als die Hälfte aller Meldungen fremder Schiffe in der ersten halben Stunde der über zwei Stunden dauernden Radarwache gemacht wurden (s. Abb. 25). Da man davon ausgehen kann, daß die durchschnittliche Zahl der begegnenden Schiffe unabhängig von der jeweiligen Wachzeit ist, muß angenommen werden, daß nach einer halben Stunde die Aufmerksamkeit des Radarbeobachters erheblich absinkt. Zwar sind Radargeräte auf Sportschiffen noch nicht sehr verbreitet, und es werden auch normalerweise keine regelmäßigen Wachen rund um die

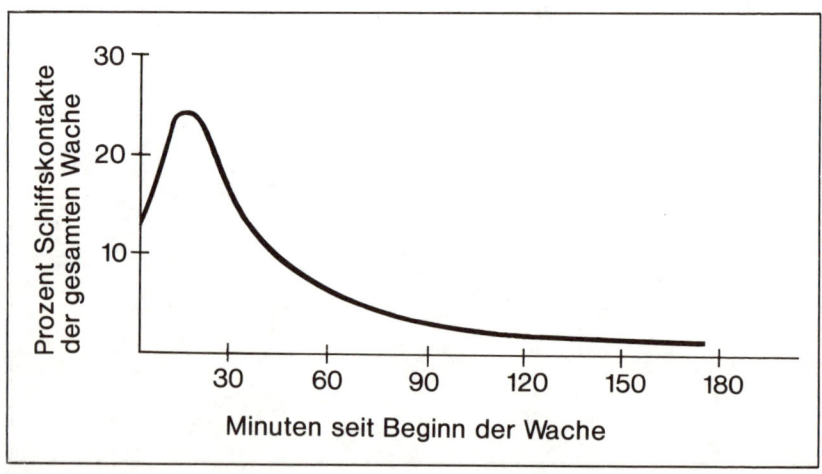

Abb. 25 *Einfluß der Wachdauer auf die Prozentzahl der auf dem Radarschirm entdeckten Signale.*

Uhr gegangen. Wenn sich jedoch ein mit Radar ausgerüsteter Skipper bei verminderter Sicht oder bei Nebel auf die Radarnavigation verläßt, so sollte er Wachablösungen alle 30 Minuten einplanen. Denn was nützt die technisch aufwendige und teure Radartechnik, wenn durch die Begrenzungen der menschlichen Wahrnehmungs- und Aufmerksamkeitsfähigkeiten nur ein geringer Prozentsatz möglicher Kollisionsgegner überhaupt rechtzeitig entdeckt wird.
In einem anderen Projekt wurde untersucht, wie lange es dauert, bis ein Kollisionskurs auf dem Radarschirm erkannt wird. Die Ergebnisse zeigen, daß wiederum in der ersten halben Stunde der Wachzeit ein Kollisionskurs nach 20 bis 25 % der Laufzeit auf dem Radarschirm als solcher erkannt wird. Unter Laufzeit versteht man hierbei den Zeitraum zwischen dem Auftauchen eines Pips am Rand des Radarschirms und seiner Ankunft im Zentrum (also der Kollision). Nach 1 Stunde Wachzeit wird der Kollisionskurs erst nach 60 % Laufzeit erkannt und nach 2 bis 3 Stunden Wachzeit erst, nachdem der gegnerische Kurs schon 75 % seiner Laufzeit auf dem Radarschirm sichtbar war. In Einzelfällen wurde hier der Kollisionskurs erst bemerkt, als es (theoretisch) schon zu einer Kollision gekommen war. Diese Ergebnisse zeigen nicht nur, daß sich die Daueraufmerksamkeit nicht länger als eine halbe Stunde aufrecht erhalten läßt, sondern darüber hinaus, daß die bei der Radarnavigation bekannten Interpretationsschwierigkeiten des Radarbildes mit zunehmender Beobachtungsdauer ganz erheblich vergrößert werden.
Ein weiterer wichtiger Faktor bei der Radarbeobachtung ist die Zahl der Signale, die in einer gegebenen Zeit auftauchen. Treten nur 10 Signale in einer halben Stunde auf, so liegt die Beobachtungsgüte bei 70 %, d. h., 70 % der Signale werden erkannt. Die geringe Wahrscheinlichkeit, daß ein möglicher Kollisionsgegner auftaucht, senkt also die Aufmerksamkeitsleistung ab. Treten 100 Signale in 30 Minuten auf, so steigt die Beobachtungsgüte bis fast auf 90 % an. Treten noch mehr Signale auf, so sinkt die Beobachtungsgüte wieder erheblich ab. Bei wenigen Signalen ist die Beobachtungsgüte also gering wegen einer Unterbelastung der Aufmerksamkeit, und bei sehr vielen Signalen ist sie gering wegen einer Überbelastung der Aufmerksamkeit. Die Abb. 26 zeigt diese sogenannte umgekehrt U-förmige Beziehung. Das bedeutet, daß man in viel befahrenen Fahrwassern damit rechnen muß, daß 30 % und mehr der Signale auf dem Radarschirm nicht erkannt werden. Ebenso viele Beobachtungsfehler entstehen, wenn nur selten ein Objekt im Radarschirm sichtbar wird. Für die menschliche Aufmerksamkeit am besten ist eine mittlere Signaldichte.

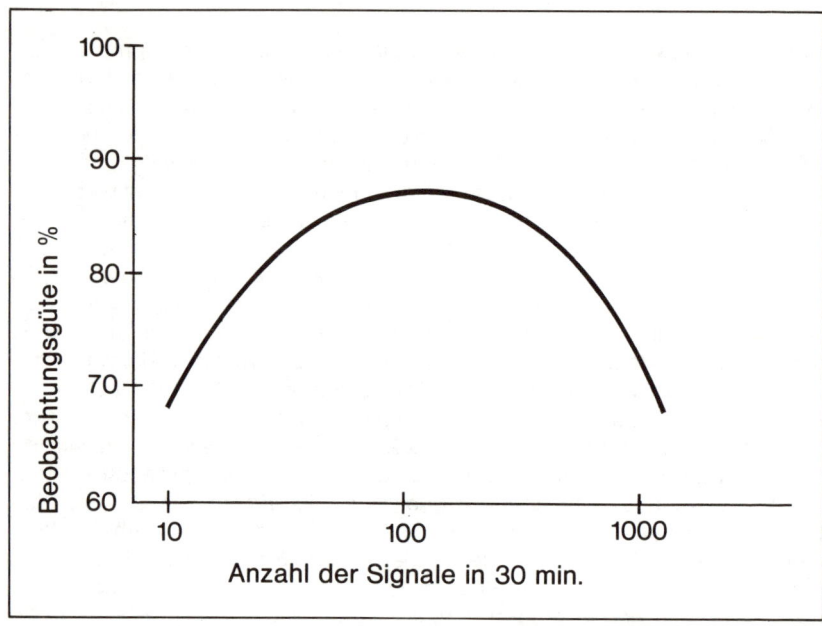

Abb. 26   Der Einfluß der Signalhäufigkeit auf die Beobachtungsgüte.

Ein weiteres Ergebnis der Radarbeobachtungsforschung ist noch für den Sportschiffer von Interesse: Die Geschwindigkeit georteter Schiffe wird auf dem Radarschirm generell überschätzt, wobei das Ausmaß der Überschätzung um so größer ist, je kleiner die objektive Geschwindigkeit des georteten Schiffes ist. Am größten ist der Fehler bei der Ortung von unbewegten Objekten. Hierbei spielt natürlich eine Rolle, daß wir auf Yachten, wenn überhaupt Radar, dann eine Relativanzeige besitzen, bei der sich das gesamte Beobachtungsfeld mit der Geschwindigkeit des eigenen Schiffes über den Radarschirm bewegt. Man könnte nun annehmen, daß eine Überschätzung der Geschwindigkeit von Kollisionsgegnern ein akzeptabler Fehler ist, da der Sicherheitsabstand in Wirklichkeit immer noch größer ist. Dem ist aber nicht so, wie die Abb. 27 zeigt: Die angenommene (überschätzte) Geschwindigkeit von B würde zum Zeitpunkt, in dem das eigene Schiff (A) die Kurslinie von B schneidet, etwa

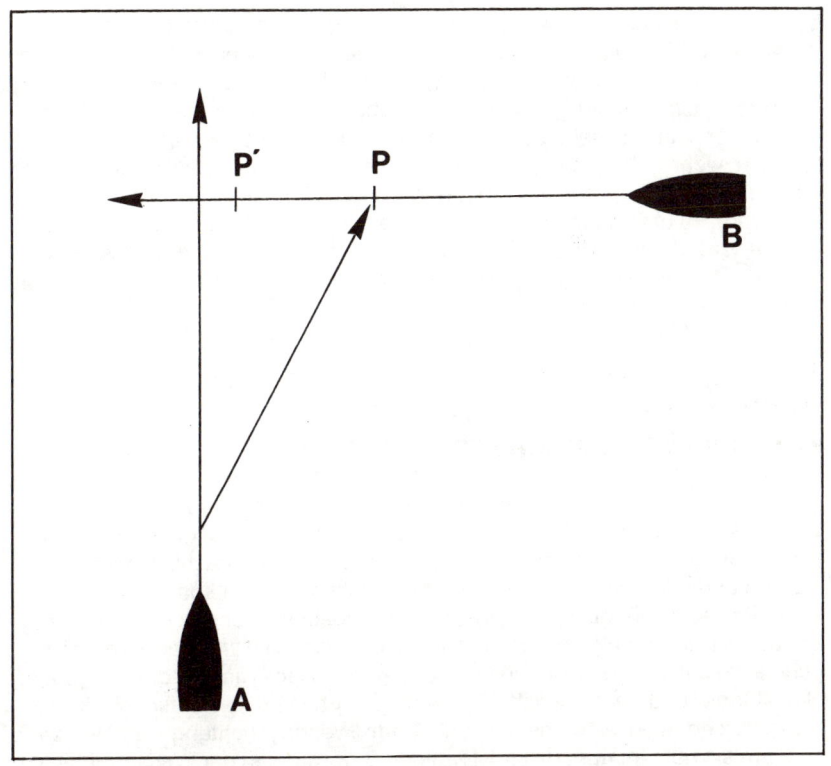

Abb. 27 Kollisionsgefahr durch Geschwindigkeitsüberschätzung auf dem Radarschirm; siehe Text.

bei P liegen. Daraufhin leiten wir ein Ausweichmanöver mit einer Kursänderung ein, bei der wir annehmen, daß wir deutlich vom Heck von B freikommen. Mit seiner tatsächlich geringeren Geschwindigkeit wird aber B dann gerade erst an Punkt P angekommen sein, so daß es zur Kollision kommen muß.

Viele der bei der Radarbeobachtung genauer untersuchten Probleme der Daueraufmerksamkeit treffen auch für den normalen Ausguck auf nicht ausgerüsteten Schiffen zu. Auch hier ist mit ähnlichen Grenzen der Beobachtungsfähigkeit zu rechnen, zumal der Ausguck ein sehr viel größeres Feld als der Radarbeobachter auf dem Schirm absuchen und überwachen muß. Hier kommt noch das Problem der zeitlichen Einordnung und Gesamtbeurteilung mehrerer nacheinander gemachter Einzelbeobachtungen hinzu. Der Radarbeobachter kann ja sein Beobachtungsfeld in der Regel gleichzeitig überschauen, während der Ausguck nur einen sehr begrenzten Blickwinkel, in dem scharfes Sehen möglich ist, besitzt und viele nacheinander gesehene Einzelsituationen zu einem Gesamtbild der Lage zusammensetzen muß. Diese Leistung erfordert eine hohe intellektuelle Kapazität, so daß ein Ausguck bei verminderter Sicht in verkehrsreichen Revieren relativ schnell überlastet werden kann.

Relativbewegungen auf der Glotze — Probleme der Radarinterpretation

Wie wir auf den Seiten 52ff schon gesehen haben, sind Bewegungen von Fahrzeugen auf See in erster Linie *Relativbewegungen.* Dies macht sich besonders störend und verwirrend bei der Radarbeobachtung bemerkbar. Von Land her sind wir es ja gewöhnt, immer eine stabile Umgebung wahrzunehmen, bezüglich der wir unsere eigenen Bewegungen und die aller anderen Verkehrsteilnehmer leicht einordnen können. Nicht so auf See: Hier ist die Umgebung gleichförmig und veränderlich. Die Bewegung der Wellen entspricht keineswegs durchgängig einer bestimmten Fortbewegungsrichtung des Wassers, sondern sie besteht nur aus kreisförmigen Bewegungen der Wassermoleküle. Die Bewegung des Wassers über Grund — das was wir „Strom" nennen — steht in keinem festen Zusammenhang mit der durch den Wind erzeugten scheinbaren Laufrichtung der Wellen. Die Strombewegung ist ohne Landmarken, wie Tonnen etc., nicht unmittelbar festzustellen, sondern kann nur durch Besteckversetzung beim Koppeln erschlossen werden. So kann es vorkommen, daß wir relativ zur Windsee hart am Wind gut Fahrt voraus machen und uns gleichzeitig aufgrund eines kräftigen Stroms über Grund achteraus bewegen. Die Fahrt über Grund können wir bekanntlich auf Yachten und Kleinschiffen auch nicht am Log ablesen — dies ist nur durch das Sonar-Log bei anlotbaren Tiefen möglich. Die Bewegung anderer Fahrzeuge sehen wir auf dem Wasser immer nur relativ zu unserer eigenen Bewegung. Dies ist bei der Radarbeobachtung nicht grundsätzlich anders als bei direkter Sicht. Warum ist dann aber die Beurteilung von Kurs und Fahrt möglicher Kollisionsgegner auf dem Radarschirm um so viel schwieriger als bei direkter Sicht?

Zunächst einmal nehmen wir bei direkter Sicht unser eigenes Schiff und damit unseren Standpunkt als „in Fahrt" wahr. Für die Beurteilung von Kurs und Geschwindigkeit anderer Schiffe ist dabei die wahrnehmbare Fahrt durchs Wasser völlig ausreichend, da mögliche unbekannte Stromeinflüsse die Fahrt über Grund unseres eigenen wie die anderer Schiffe in gleicher Weise beeinflussen. Bei der Beobachtung des Radarschirms ist jedoch unser eigenes Schiff als stabiler Mittelpunkt dargestellt, der aufgrund des Fehlens anderer Informationen wie Bugsee, Kielwasser etc. Ruhe suggeriert, wohingegen die Relativbewegungen anderer Schiffe und Objekte (auf dem Radarschirm „Kontakte" oder „Pips" genannt) als deren Eigenbewegungen erscheinen. So kommt es, daß ein Kontakt, der sich auf dem Radarschirm auf uns zubewegt, nach Backbord auszuscheren scheint, wenn unser eigenes Schiff eine Kursänderung nach Backbord vornimmt, die sich allerdings auf dem Radarschirm nicht darstellt. Bei direkter Sicht würden wir vielleicht sogar feststellen, daß es sich bei diesem Kontakt um eine Tonne handelt, die über Grund festliegt. Grundsätzlich kann man sagen, daß bei Radar mit Relativanzeige die Eigenbewegung nach Richtung und Geschwindigkeit zu der Bewegung des Kontaktes vektoriell addiert wird.

Die richtige Einschätzung der absoluten Bewegung fremder Schiffe ist auch nach jahrelanger Erfahrung so schwierig, daß es immer wieder zu „radarunterstützten Kollisionen" kommt. Wie diese zustande kommen, wird in beinahe jedem Lehrbuch und auf jedem Radarlehrgang demonstriert.

Ein klassisches Beispiel für eine solche Situation war die Kollision der beiden Luxusliner „Andrea Doria" und „Stockholm" am 25. Juli 1956.

Der ganze Vorgang soll anhand der Abb. 28 vereinfacht und schematisch dargestellt werden. Die „Andrea Doria" passiert gerade bei Nebel auf einem Kurs von 268° südlich das Leuchtfeuer Nantucket. Da taucht auf dem Radargerät ein kleiner Pip an der Steuerbordseite in etwa 12 sm Entfernung auf. Der Kapitän der „Andrea Doria" nimmt an, daß es sich um einen Trawler handelt, der auf das nördlich von ihr liegende Nantucket Island zuhält. Er sieht daher keine Veranlassung, seinen Kurs so einzurichten, daß er den Gegenkommer vorschriftsmäßig Backbord an Backbord passieren kann, zumal er vermeiden will, in die nördlich gelegenen Untiefen vor Nantucket Island zu geraten. Bei größerer An-

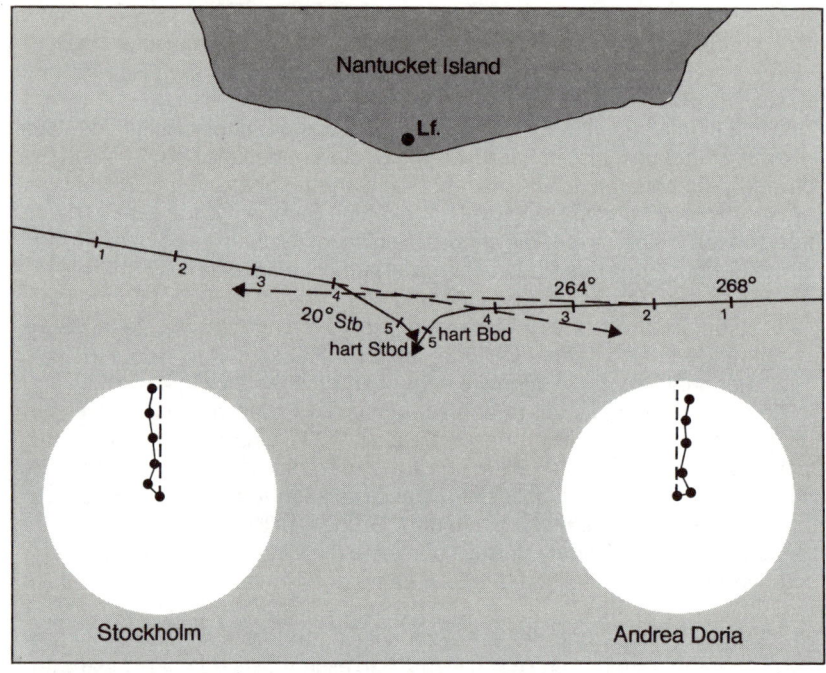

Abb. 28   Kollision mit Radarunterstützung (siehe Text).

näherung des Gegenkommers zeigt sich aber auf dem Radarschirm, daß dieser der „Andrea Doria" möglicherweise gefährlich nahe kommen könnte, daher entschließt sich der Kapitän zu einer Kursänderung nach Backbord um 4° (!). Auf der anderen Seite hat auch die „Stockholm" auf der Backbordseite den Gegenkommer entdeckt. Als dieser auf $3^1/_2$ sm herangekommen ist, entschließt sie sich zu einer Kursänderung nach Steuerbord um 20°, um den Gegenkommer vorschriftsmäßig rot an rot zu passieren. Inzwischen ist der Nebel aufgerissen, und auf der „Andrea Doria" sieht man die „Stockholm" in großer Nähe, wie sie, nicht wie erwartet ihre grüne Steuerbordlaterne, sondern Rot zeigt. Der Kapitän befiehlt hart Backbord, während gleichzeitig auf der „Stockholm", die nun endlich durch ein eindeutiges Manöver der „Andrea

Doria" ausweichen will, hart Steuerbord angeordnet wird. Nun erst ist die Kollision vollends unvermeidlich geworden, und die „Stockholm" rammt mit ihrem doppelt verstärkten Steven auf der Höhe der Kommandobrücke in die „Andrea Doria" hinein.

Diese Situation der *spitzwinkligen Begegnung* hat schon sehr häufig zu radargestützten Kollisionen geführt, was die Radartechnik zeitweise in Verruf gebracht hat.

Wir wollen uns hier im wesentlichen mit psychologischen Aspekten dieser gefährlichen Standardsituation auseinandersetzen:

– Zunächst einmal sollten wir uns noch einmal einen wichtigen Unterschied zwischen der unmittelbaren Wahrnehmung einer Begegnungssituation und deren Darstellung auf dem Radarschirm klarmachen: Bei der unmittelbaren Sicht erkennen wir nicht nur die Peilung des möglichen Kollisionsgegners, sondern wir können auch grob seinen Kurs bestimmen. Bei Dunkelheit lassen die Positionslaternen sogar die genaue Festlegung von Grenzkursen zu. Auf dem Radarschirm sehen wir demgegenüber nur einen Pip in einer bestimmten Peilung, dessen relative Fahrtrichtung bestenfalls durch einen kleinen Schwanz angedeutet ist. Erst nach einer gewissen Zeit können wir durch Plotten genauer dessen Relativbewegung zu unserem eigenen Schiff erkennen und, durch negatives Anbringen der auf unserem eigenen Kurs zwischen den beiden Beobachtungen gelaufenen Strecke am Radarkontakt, auch dessen Kurs festlegen. Die Information, welche Schiffsseite der mögliche Kollisionsgegner uns zeigt, fehlt aber fast völlig, und es läßt sich nur grob und, unter Berücksichtigung der noch zu nennenden Fehlermöglichkeiten ungenau, feststellen, ob die Kurslinie des Kontaktes die eigene Kurslinie schneiden wird oder nicht. Noch schwieriger ist es, festzustellen, ob ein spitzwinklig unsere Kurslinie schneidender Gegenkommer bei gleichbleibendem Kurs beider Schiffe vor unserem Bug oder hinter unserem Heck passieren wird (große Ungenauigkeit durch schleifenden Schnitt).

– Das Beispiel zeigt weiterhin, daß bei Relativbewegungen kleine Kursänderungen auf dem Radarschirm nicht erkennbar sind. Auch eine 20°-Kursänderung ergibt bei einer kombinierten Geschwindigkeit von 40 kn, mit der sich die beiden Schiffe aufeinanderzubewegen, nur einen so stumpfen Winkel im Relativ-Kurs des Gegenkommers, daß dieser unterschwellig bleibt und nicht erkannt werden kann. Bei schnellen Schiffen werden Kursänderungen erst von 60° an eindeutig erkennbar, bei langsamen Schiffen sollten sogar rechtwinklige Kursänderungen eingeleitet werden.

– Das teuflische bei der Interpretation spitzwinkliger Begegnungen auf dem Radarschirm ist aber, daß wir einer inzwischen näher untersuchten *Wahrnehmungstäuschung* unterliegen, die im folgenden erklärt werden soll.
Diese Wahrnehmungstäuschung ist eine Auswirkung davon, daß unser Wahrnehmungssystem sich besonders an die Geordnetheit unserer Umwelt in den vier Raumrichtungen angepaßt hat. Wenn wir etwas fallen lassen, fällt es senkrecht nach unten, Bäume und Pflanzen wachsen (mehr oder weniger) senkrecht nach oben. Der Horizont oder, wie wir auf See sagen, die Kimm, ist rechtwinklig zur Richtung der Schwerkraft ausgerichtet. Unsere Augen erkennen dementsprechend senkrechte und waagerechte Linien besonders gut und genau. Alles, was dazwischen liegt, ist sehr viel unbestimmter und wird weniger genau erkannt. Den höchsten Grad an Ungenauigkeit finden wir direkt angrenzend an die Bereiche der größten Genauigkeit, nämlich unmittelbar neben den senkrechten und waagerechten Richtungen. Ein Winkel, der nur ein wenig von 90° abweicht, also z. B. 89° oder 91° mißt, wird in unserer Wahrnehmung leicht zu einem rechten Winkel verzerrt. Diese Verzerrungstendenz in Richtung auf die ausgezeichneten senkrechten und waagerechten Richtungen nennt man *Prägnanztendenz.*
Die Prägnanztendenz bewirkt einerseits, daß ausgezeichnete Richtungen, Formen etc. auffälliger sind und schneller wahrgenommen werden und andererseits, daß leichte Abweichungen von ausgezeichneten Richtungen oder Formen zur prägnanteren Gestalt hin verzerrt (bzw. „entzerrt") wahrgenommen werden. Wir können also beim Durchlaufen verschiedener Raumrichtungen, etwa auf einer Kompaßrose, eine sogenannte *Prägnanzfunktion* aufstellen, die uns bei 0°, 90°, 180°, 270° hohe Prägnanzgrade zeigt, direkt neben diesen ausgezeichneten Stellen aber sehr niedrige Prägnanz mit einer Tendenz zu den prägnanten Richtungen hin und in den dazwischen liegenden Bereichen NO, SO, SW und NW weder prägnante noch unprägnante, sondern relativ unbestimmte Bereiche aufweist.
Dieser Prägnanztheorie der Gestaltpsychologen entsprechen die empirischen Ergebnisse der Radarforschung. Die Abb. 29 zeigt, daß in einem Versuch Kollisionskurse aus den vier Hauptrichtungen zu einem deutlich höheren Prozentsatz richtig erkannt wurden als in den dazwischen liegenden Bereichen größerer Unbestimmtheit und am schlechtesten direkt neben den ausgezeichneten Raumrichtungen. Den Kollisionskurs eines direkt auf uns zukommenden Gegners erkennen wir also ebenso gut als gefährlich, wie den relativen Annäherungskurs eines auf dem Radarschirm querab peilen-

den Schiffes. In der Mitte der Quadranten, in denen in der Praxis allerdings die meisten Annäherungskurse gepeilt werden dürften, sind die Urteile über eine mögliche Kollision erheblich ungenauer. Darüber hinaus wurde in der gleichen Untersuchung nachgewiesen, daß spitzwinklige Annäherungskurse zur Senkrechten (oder auch beinahe-querab-Annäherungskurse zur Waagerechten) verzerrt gesehen wurden, so daß es sehr leicht zu falschen Interpretationen der Frage kommt, ob der Kurs eines voraus identifizierten Kontakts die eigene Kurslinie kreuzt oder nicht, und wenn ja, ob eine solche Begegnung vor dem Bug oder hinter dem Heck des eigenen Schiffes klar geht.

Die Gefährlichkeit der spitzwinkligen Begegnung, bzw. ihre Fehlinterpretation auf dem Radarschirm, beruht also in erster Linie auf einer wahrnehmungspsychologischen Täuschung. Die Kenntnis dieses gefährlichen Sachverhaltes sollte uns dazu bringen, in solchen Situationen die Seestraßenordnung buchstabengetreu zu befolgen, nämlich rechtzeitig, eindeutig und mit einem Steuerbordmanöver zu reagieren.

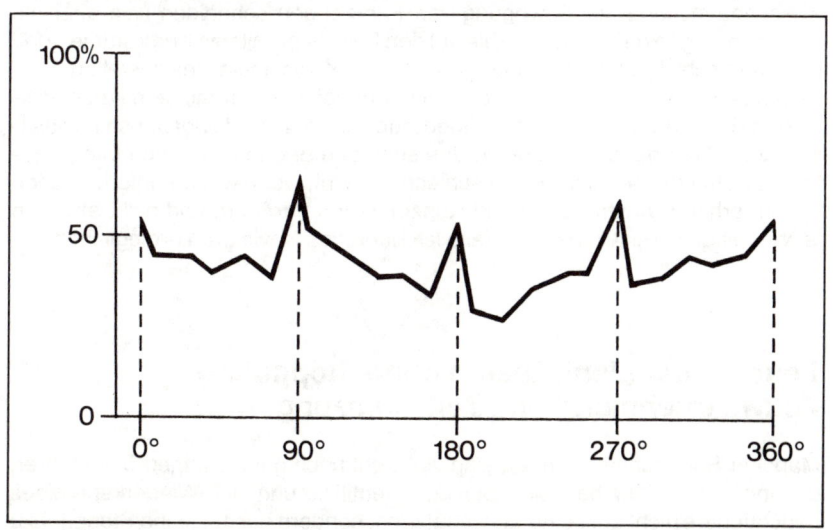

Abb. 29   Richtiges Erkennen eines Kollisionskurses in verschiedenen Peilungen am Radarschirm (in %).

Wir haben gesehen, daß sich sowohl bei der *Radarbeobachtung* als auch bei der *Interpretation* der Relativbewegungen auf dem Radarschirm erhebliche Probleme ergeben. Die moderne Technik hat zwar einige Hilfen geschaffen, die aber im wesentlichen nur der Großschiffahrt zugute kommen können: *nordstabilisiertes Radar* im Zusammenhang mit dem Kreiselkompaß, bei dem die Kursänderungen des eigenen Schiffes deutlich wahrnehmbar werden; und *True-Motion-Radar,* bei dem sich sowohl das eigene Schiff als auch alle anderen Fahrzeuge auf dem Radarschirm bewegen, so daß keine Relativbewegungen mehr entstehen und die absoluten Bewegungen aller Fahrzeuge unmittelbar abgelesen werden können. Die absolute Bewegungsdarstellung im True-Motion-Radar hat nun aber den Nachteil, wie in einer empirischen Untersuchung herausgestellt wurde, daß Kollisionskurse noch schwerer erkannt werden als bei Relativbewegungen auf dem Radarschirm. Dies wird verständlich, wenn wir bedenken, daß bei der Relativdarstellung durch Verlängerung des Schwanzes eines Kontakts näherungsweise festgestellt werden kann, ob dieser den Mittelpunkt und damit das eigene Schiff trifft oder nicht. Bei der Absolutdarstellung der Bewegung von Fahrzeugen schneiden sich aber die Verlängerungen der Schwänze bis auf den Fall der parallelen Kurse immer, und es bedarf schwieriger Berechnungen, um den Kollisionsfall festzustellen.

Nichtsdestoweniger müssen Yachtschiffer ohnehin weiter mit dem kursstabilisierten Radar arbeiten, sofern sie überhaupt eine solche Navigationshilfe besitzen. Es sollte aber deutlich geworden sein, daß Beobachtung und Interpretation des Radarbildes gerade bei schlechter Sicht, wenn weitere Informationen fehlen, erhöhte Anstrengung und Konzentration erfordern und nicht etwa ein leichteres und somit in diesem Falle leichtfertiges Navigieren ermöglichen.

Leuchtfeuer identifizieren ohne Stoppuhr — Zeitwahrnehmung und Zeitschätzung

Mancher Sportschiffer erinnert sich vielleicht noch gut an seinen Segellehrer, der ihm eingebläut hat, sich bei der Identifizierung der Wiederkehr eines Leuchtfeuers nicht auf seine Zeitschätzung, sondern nur auf seine Stoppuhr zu verlassen. Ein Glt. 6s könne ohne exakte Zeitmessung ebensogut als ein Ubr. 8s wie für ein Blz. 4s gehalten werden. Ganz schwierig werde erst die exakte

Identifizierung von Leuchtfeuern mit langer Dunkelpause wie etwa Blz. 20s. Im übrigen seien Zeitschätzungen – und darin steckt sicherlich psychologische Wahrheit – der Suggestivität des Gewünschten unterlegen. Denn welcher Skipper möchte nicht die nach der Seekarte identifizierte Kennung einer seit Stunden angesteuerten Tonne endlich recht voraus erkennen. Hier kann unter Umständen durch bloßes Auszählen jede beliebige Kennung reproduziert werden.

Und dennoch kommt es in der Realität oft anders: Die Stoppuhr ist bei Nacht häufig nicht zur Hand, und wenn sie zur Hand wäre, ist sie nicht beleuchtet. Auch würde ein Blick auf die mit der Taschenlampe angestrahlte Stoppuhr die Dunkeladaptation unserer Augen wieder so vermindern, daß wir, um die Messung zu wiederholen, erst längere Zeit benötigen, um uns wieder an die Dunkelheit zu gewöhnen und das ohnehin schon schwache, weil gerade erst aufgetauchte Leuchtfeuer wiederzufinden. Kurzum, es spricht einiges dafür, in der Praxis doch einfach auszuzählen. Und wenn dies schon so ist, dann sollte man seine Fähigkeit zur Zeitwahrnehmung doch besser vor dem Törn überprüfen und vielleicht sogar trainieren. Doch nun erst ein wenig Theorie vorweg.

Wir unterscheiden zwischen *Zeitwahrnehmung* und *Zeitschätzung*. Von Zeitwahrnehmung sprechen wir bei Zeitstrecken im Bereich von bis zu ca. 2 s. Diese entsprechen der Zeit, die wir als gegenwärtigen Augenblick erleben. Längere Zeitstrecken müssen geschätzt werden. Weder für die Wahrnehmung noch für die Schätzung der Zeit gibt es, wie für andere Sinnesqualitäten, ein bestimmtes (anatomisch lokalisierbares) Sinnesorgan. Es wird angenommen, daß sich die Wahrnehmung oder Schätzung der Zeit an den biologischen Rhythmen orientiert, die wiederum, was die langsamen Rhythmen betrifft, von den astronomischen Gegebenheiten unserer Umwelt abhängen. Die kürzeren Teilungen der Zeit (Stunde, Minute, Sekunde) sind willkürliche Einteilungen des Tages. Die biologischen Rhythmen höherer Frequenz (Atemrhythmus: ca. 15/min; Herzschlagrate: ca. 70/min; Alpha-Rhythmus der Gehirnwellen: 8–13/s) sind unabhängig von diesen Zeitteilungen. Die Abschätzung von Jahren, Monaten und Tagen fällt uns daher sehr leicht; erst für die Zeiteinteilung des (halben) Tages benötigen wir Uhren als Hilfsmittel. Dennoch ist unsere Möglichkeit zur Schätzung von Stunden, Minuten, ja sogar Sekunden recht gut. So wissen wir von Tieren, daß sie hinsichtlich ihrer Mahlzeiten auf die Minute genau dressiert werden können. Und Menschen, die sich fest vornehmen, zu einer ganz bestimmten Zeit aufzuwachen, tun dies häufig (leider nicht immer) kurz bevor der vorsorglich gestellte Wecker klingelt.

Bei der Beurteilung der Genauigkeit von Zeitschätzungen sollte man zunächst lediglich zwei Gesetzmäßigkeiten im Auge behalten: Erstens ist die Schätzung einer Zeitdauer abhänging vom Aktivitätsgrad des Menschen; je mehr ein Zeitintervall mit Tätigkeit ausgefüllt ist, um so kürzer erscheint es. Zweitens ist unser Zeiterleben abhängig davon, wieviel Information wir in einem gegebenen Zeitintervall über unsere Sinnesorgane aufnehmen, je gleichförmiger (langweiliger) unsere Umgebung ist, um so länger erscheint uns die Zeit.

Bei der Abschätzung von Zeitstrecken im Bereich von 0 bis 30 s, die für den Segler am wichtigsten sind, bedienen wir uns in der Regel einer Unterteilung in wahrgenommenen Sekunden, indem wir im Geiste zweistellige Zahlen mitzählen (21, 22, 23 …). Dies ist ein sehr sinnvolles Verfahren, da die Wahrnehmungsgenauigkeit der Zeit im Bereich einer Sekunde am größten ist. Die Zeitwahrnehmung ungeübter Personen weicht hier durchschnittlich um 8 % von der objektiven Zeit ab, während geschätzte Zeitstrecken zwischen 5 s und 30 s durchschnittlich um 16 % abweichend beurteilt werden — also doppelt so ungenau geschätzt werden.

Das Auszählen von Zeiten im Bereich bis zu 30 s kann mit gutem Erfolg geübt werden, indem man die Auszählungsergebnisse mit der Stoppuhr kontrolliert. Man erreicht durch das dauernde Feedback mit der Stoppuhr sehr bald eine auf den Sekundenrhythmus normierte Auszählgeschwindigkeit, die im angegebenen Bereich um weniger als 10 % abweicht. Dies aber ist ein tolerierbarer Fehler, da man nun schlimmstenfalls ein Leuchtfeuer mit einer Wiederkehr von 10 s und ein solches mit einer Wiederkehr von 11 s verwechseln könnte. Selbstverständlich sind noch erheblich größere Genauigkeiten der Zeitschätzung trainierbar. Die neu gewonnenen Fähigkeiten zur Zeitschätzung im Sekundenbereich kann man dann gleich zur Kontrolle der vorgeschriebenen Schallsignale nach der SeeStrO verwenden: Demnach sollte ein langer Ton eine Dauer von 4 bis 6 s haben. Ich habe allerdings selten Sportschiffer getroffen, die es schafften, bei einem „Achtung"-Signal ihren Finger so lange auf dem Knopf des Typhons zu lassen.

Psychische Bedingungen der Seekrankheit

Jeder kann seekrank werden

Wohl jeder Sportschiffer hat schon einmal mit Problemen der Seekrankheit zu tun gehabt: Sei es, daß er sich selbst klammheimlich über die Reling beugen mußte, sei es, daß er andere Crewmitglieder in einer Phase der Seekrankheit unterstützen und ihnen Mut machen mußte. Von der Seekrankheit befallen zu werden ist kein Anzeichen dafür, daß jemand eine hoffnungslose Landratte ist, sondern es ist ein ganz normaler körperlicher Vorgang, der nur bei *gesunden* Gleichgewichtsorganen auftreten kann. Bei Menschen (und Tieren) mit geschädigten oder operativ entfernten Gleichgewichtsorganen tritt die Seekrankheit nicht auf. Man nimmt heute an, daß bis auf die letztgenannte Ausnahme alle Menschen beim Auftreten der entsprechenden Bewegungsreize zu bestimmten Zeiten ihres Lebens *mehr oder weniger anfällig für Seekrankheit sind.* Dies dürfte seinen „biologischen Sinn" darin haben, daß es sich in der Stammesgeschichte als günstig erwiesen hat, daß bestimmte Arten, darunter der Mensch, die Bedingungen, unter denen die Seekrankheit auftrat – also das Meer als besonders unberechenbare und gefährliche Umwelt – gemieden haben, was ihnen über die Jahrtausende hin einen Selektionsvorteil verschafft hat. Zwar gewöhnen sich die meisten Menschen, wenn sie für längere Zeit auf See sind, an die ständigen Bewegungsreize, und die Anfälligkeit für Seekrankheit nimmt erheblich ab. Aber selbst diese Gewöhnung tritt nicht bei allen Menschen in gleicher Weise ein, so daß mancher alte Fahrensmann der Berufsschiffahrt bei Sturm immer wieder seinen Tribut zollen muß, was seinen sonstigen Fähigkeiten der Schiffsführung keinen Abbruch tun muß. Wir wissen sogar von Lord Nelson, daß er regelmäßig seekrank wurde und dabei noch höchste strategische Leistungen auf See vollbrachte. Das Auftreten der Seekrankheit ist keineswegs auf die Umweltbedingungen des Meeres beschränkt. Bei den entsprechenden Bewegungsreizen tritt sie auch beim Autofahren, in der Eisenbahn, in Flugzeugen und neuerdings auch bei der Raumfahrt auf. Da die auslösenden Bedingungen und Symptome immer ähnlich sind, empfiehlt es sich allgemein von *Bewegungskrankheit* (medizinischer Begriff: Kinetose) zu sprechen.

Seekrankheit vermeiden ohne Medikamente?

Unter den Menschen, die aus sportlichen Gründen immer wieder aufs Meer hinausfahren, gibt es zwei Strategien im Umgang mit der Seekrankheit: Die einen schwören auf Medikamente und die anderen auf ihr Selbstvertrauen. In diesem Kapitel soll die zweite Gruppe besonders angesprochen werden. Es soll also keine medizinische Abhandlung folgen, in der wir uns über die Vor- und Nachteile der verschiedenen Medikamente gegen die Bewegungskrankheit auseinandersetzen. Das Einnehmen von Medikamenten hat nämlich eine Reihe von Nachteilen, die man nicht vergessen sollte:

Erstens wirken Medikamente nur, wenn sie nach Vorschrift eingenommen werden, d. h. in der Regel, drei Stunden vor dem Auftreten der Bewegungsreize, und das bedeutet unter Umständen drei Stunden bevor man an Bord geht, oder, bei weniger für die Seekrankheit anfälligen Crewmitgliedern, drei Stunden bevor Starkwind auftritt. Diese Vorschrift wird allerdings in der Praxis nur in seltenen Fällen richtig befolgt, vielmehr werden die Tabletten bei den ersten Anzeichen des Unwohlseins eingenommen. Dann allerdings, wenn die Seekrankheit einmal eingetreten ist, ist es für die prophylaktische Wirkung des Medikaments bereits zu spät. Außerdem bringt die Einnahme von Medikamenten noch andere Nachteile mit sich:

— Selbst wenn die Medikamente vorschriftsmäßig eingenommen worden sind, tritt häufig eine starke Müdigkeit auf, so daß das Crewmitglied den Törn zwar ohne Unwohlsein und Erbrechen, aber dafür auch nur schlafend in der Koje genießen kann.

— Die meisten Medikamente belasten den Kreislauf stark.

— Schließlich müssen die bei allen Medikamenten potentiell vorhandenen unerwünschten Nebenwirkungen berücksichtigt werden, die sich bei der gleichzeitigen Einnahme anderer Medikamente oder bei zusätzlichem Alkoholgenuß häufig noch erheblich verstärken.

Demgegenüber gibt es eine ganze Reihe von psychologischen Bedingungen, die das Auftreten der Seekrankheit begünstigen bzw. verhindern können. Eine Beachtung der in diesem Kapitel auf der Grundlage der heutigen wissenschaftlichen Erkenntnisse zu erarbeitenden Verhaltensregeln kann die Notwendigkeit zur Einnahme von Medikamenten bis zu einem gewissen Grade vermindern und bei vielen Sportschiffern überflüssig machen. Sicherlich sollte man die psychologischen Faktoren der Seekrankheit (ebenso wie die Möglichkeiten der medikamentösen Beeinflussung) nicht überschätzen: Die wichtigste Bedingung für das Auftreten von Bewegungskrankheit ist und bleibt *Bewegung*. Wenn man sich dieser Bewegung entzieht und wieder Land betritt, ist die Krankheit zumeist von einem Moment zum anderen „geheilt".

Häufigkeit, Symptome und Verlauf der Seekrankheit

Es ist eine realistische Schätzung, daß in den ersten zwei oder drei Tagen einer Atlantiküberquerung bei mittleren See- und Windverhältnissen 25 bis 30 % der Passagiere eines Schiffes seekrank werden. Bei Seglern auf kleinen Schiffen dürfte dieser Prozentsatz noch höher liegen. In Rettungsinseln werden etwa 60 % der Insassen von der Seekrankheit befallen. In einer amerikanischen Befragung gaben 90 % der befragten 300 Studenten an, daß sie mindestens einmal Erfahrungen mit der Bewegungskrankheit gehabt hatten. Allerdings gibt es erhebliche individuelle Unterschiede in der Anfälligkeit; die Schwelle für die die Bewegungskrankheit auslösenden Reize liegt unterschiedlich hoch. Auch die Dauer der Einwirkung spielt eine wichtige Rolle: Manche Personen werden bereits beim Betreten eines Schiffes, andere erst nach Tagen in schwerem Wetter befallen.

Nach vorliegenden Untersuchungen werden Frauen häufiger und schneller seekrank als Männer. Solche statistischen Unterschiede können möglicherweise durch die erhöhte Anfälligkeit während der Menstruation erklärt werden. Kleinkinder und ältere Menschen sollen ebenfalls weniger anfällig sein als Jugendliche und jüngere Erwachsene. Bei Kleinkindern mag dies damit zusammenhängen, daß sie die meiste Zeit in liegender Position an Bord verbringen. Im Liegen sind alle Menschen weniger anfällig. Die Abnahme der Anfälligkeit für die Bewegungskrankheit mit höherem Alter ist möglicherweise dadurch bedingt, daß mit zunehmender Lebensdauer durchschnittlich mehr Erfahrungen auf See vorliegen, die eine Anpassung begünstigen.

Wenn in diesem Kapitel von psychologischen Faktoren der Seekrankheit die Rede ist, so ist damit nicht gemeint, daß durch psychische Beeinflussung die Seekrankheit generell vermieden werden kann. Es läßt sich aber ohne Zweifel die Schwelle für das Auftreten der Symptome erheblich heraufsetzen und ein vernünftiges Verhalten beim Auftreten der ersten Symptome trainieren, wodurch eine weitere Verschlimmerung etwa bis zum stundenlangen Erbrechen verhindert werden kann.

Die *Symptome* der Bewegungskrankheit, die regelmäßig in der folgenden Reihenfolge auftreten, sind wohl allen Seefahrern bekannt: Blässe, kalter Schweiß, Übelkeit und Erbrechen. Darüber hinaus werden eine ganze Reihe von psychischen Begleiterscheinungen genannt, die das Verhalten und die Stimmung des Befallenen verändern: Schwäche, trockener Mund, Kopfschmerz, Erschöpfung, Bedürfnis nach Frischluft, Kältegefühl, Geruchssensibilität, Apathie, Wunsch nach Alleinsein, soziale Gleichgültigkeit, Unmotiviertheit, Interessenlosigkeit, räumliche Desorientierung, Angst und Depression. An Verhaltensauffälligkeiten findet sich: verminderte Spontaneität, mangelnde Sorgfältigkeit, verminderte Muskelkoordination und motorische Leistungen, schlechtere Zeitschätzung und verminderte Rechenfähigkeit. Diese Aufzählung zeigt bereits, daß es durchaus problematisch sein kann, einen Seekranken, selbst wenn er besten Willens ist, seine Aufgabe an Bord weiterhin zu erfüllen, verantwortlich mit der Navigation oder mit bestimmten gefährlichen Decksarbeiten, die hohe Körperbeherrschung erfordern, zu betrauen. Dennoch sollten Seekranke nicht unbedingt von allen Aufgaben an Bord entbunden werden, aber sie sollten eben vorwiegend für ganz bestimmte Aufgaben eingesetzt werden.

Der *Verlauf* der Seekrankheit ist bei wenig see-erfahrenen Crewmitgliedern immer ähnlich: Vom Augenblick des An-Bord-Gehens an werden zunehmende Schwierigkeiten , sich an die komplizierten Bewegungsverhältnisse anzupassen, verspürt. Die ersten Anzeichen der Bewegungskrankheit wie leichter Kopfschmerz, trockener Mund etc. treten auf und steigern sich nach einer langdauernden Periode der Übelkeitsempfindung bis zum Erbrechen, welches sich über Stunden wiederholen kann. Nach mehreren Tagen ununterbrochener Seefahrt gewinnt der Befallene die Kontrolle über seine Bewegungen wieder, indem es ihm gelingt, durch aktive Ausgleichsbewegungen sein Gleichgewicht zu halten. Erst jetzt kann er den Törn richtig genießen und sich auf die Aufgaben an Bord konzentrieren. In der Regel wird er während dieses Törns kein zweites Mal seekrank werden. Wenn er allerdings später an Land geht, treten, besonders in engen geschlossenen Räumen und im Liegen, die Nachwirkungen der Gewöhnung an die Schiffsbewegungen wieder auf: Der Raum scheint zu schwanken und es fällt schwer, das Gleichgewicht zu halten. Nun kann es erneut zu Übelkeit und sogar zum Erbrechen kommen. Man nennt diesen Zustand, der allerdings in der Regel nur kurzzeitig auftritt, „Landkrankheit".

Wo ist oben, wo ist unten? —
Die Wahrnehmung der Vertikale

Unser Gleichgewichtssystem kann ebenso wenig wie irgendein anderes physikalisches System zwischen der Schwerkraft (Gravitation) und zusätzlichen Beschleunigungskräften (durch Bewegung) unterscheiden. Deshalb existiert auf Schiffen, die sich in dauernder positiv und negativ beschleunigter Bewegung in allen Raumrichtungen befinden, eine in ihrer Richtung dauernd wechselnde Kraft, das sogenannte *Scheinlot,* das wir als „unten" wahrnehmen. Hier entsteht ein Widerspruch zwischen der vom Gleichgewichtssinn erfaßten (mit den Schiffsbewegungen wechselnden) scheinbaren Gravitationsrichtung und der visuell erfaßten, demgegenüber ruhenden Kimm. Dieser Widerspruch zwischen den Sinnesinformationen ist ein Auslöser für die vegetativen Erscheinungen im Zusammenhang mit der Seekrankheit.

Die Wahrnehmung der Vertikale ist für den Menschen als Lebewesen mit einem aufrechten Gang von so grundlegender Wichtigkeit, daß diese Information durch drei unterschiedliche Sinnessysteme mehrfach abgesichert ist: durch das visuelle System, den Stellungssinn und den Gleichgewichtssinn (s. Abb. 30).

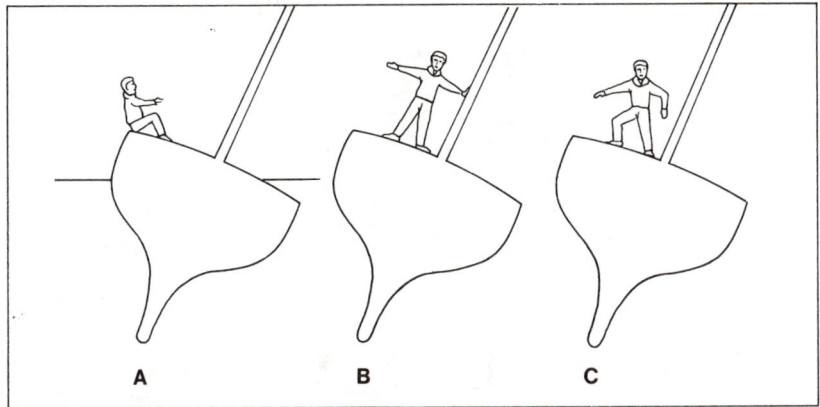

Abb. 30   Die Wahrnehmung der Vertikale: A) visuell, B) durch den Gleichgewichtssinn und C) durch den Stellungssinn.

Diese dreifache Absicherung ist für das aufrechte Stehen und die Fortbewegung auf festem Untergrund, welche Neigung dieser immer haben mag, in der Regel völlig ausreichend. Auf See aber, wo das Deck eines Schiffes sich in dauernden mehr oder weniger starken, positiv und negativ beschleunigten Drehbewegungen in drei Dimensionen (Stampfen, Rollen, Kursänderungen) befindet und sich zudem noch periodisch auf der Gravitationsachse bewegt (Auf- und Ab-Bewegungen), sind an diese Sinnessysteme besonders hohe Anforderungen gestellt, wenn man hier noch die aufrechte menschliche Gangart pflegen möchte. Die durch die genannten Bewegungsformen eines Schiffes verursachten zusätzlichen Beschleunigungskräfte, die auf den menschlichen Organismus einwirken, sind für uns von der Schwerkraft (Gravitation) nicht zu unterscheiden, da sie sich mit dieser vektoriell addieren (Abb. 31).

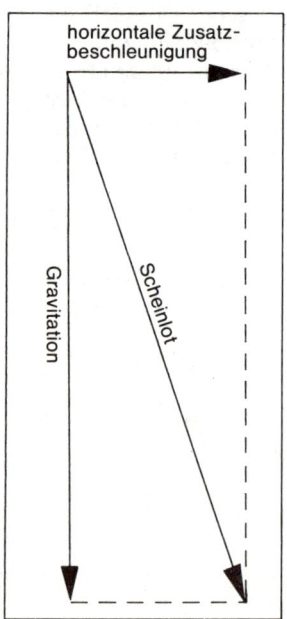

Abb. 31 Vektorielle Addition. Das Scheinlot als Resultante aus Gravitation und Zusatzbeschleunigung.

Wir wollen hier eine begriffliche Unterscheidung einführen: Als *Vertikale* bezeichnen wir die Gravitationsrichtung, die immer rechtwinklig zum Horizont steht und visuell wahrgenommen wird. Als *Senkrechte* wollen wir die Resultante aus der Gravitation und den Zusatzbeschleunigungskräften auf Schiffen bezeichnen – die Richtung, in der unser Körpergleichgewicht bei aufrechtem Stehen am leichtesten gehalten werden kann. Diese Senkrechte wird häufig auch als *Scheinlot* bezeichnet.

Unter normalen (Land-)Bedingungen reagiert unser *visuelles System* am genauesten auf vertikale Linien (Bäume, Hauswände etc.). Genauigkeit bedeutet hier, daß vertikale Linien sowohl schneller wahrgenommen werden als auch, daß geringste Abweichungen von der Vertikalen sofort erkannt werden (schief hängende Bilderrahmen!). Auch auf horizontale Linien reagiert das System noch recht genau und sehr viel besser als auf alle zwischen den beiden Hauptraumrichtungen liegenden Schrägen. Während eine Abweichung von der Vertikalen oder Horizontalen um 1° bis 2° bereits auffällig ist, können die meisten Menschen Linien oder Kanten im Winkel von 40° und 50° nicht mehr voneinander unterscheiden (wenn sie nicht unmittelbar nebeneinander liegen). Die Genauigkeit des Erkennens von Vertikalen und Horizontalen wird auch dadurch kaum vermindert, daß etwa der Kopf oder sogar der ganze Körper sich selbst in Schräglage befindet. Dies weist bereits darauf hin, daß die genannten verschiedenen Sinnessysteme, die die Raumorientierung gewährleisten, eng zusammen arbeiten. Wenn etwa der Kopf eine Schräglage von 30° zur Vertikalen besitzt, findet auf der Netzhaut eine Abbildung in einem entsprechenden Winkel statt. Bei der Wahrnehmung werden jedoch die entsprechenden Informationen des Stellungssinns (in Halsmuskulatur und -sehnen) sowie des Gleichgewichtssinns (im Vestibulärorgan) mit umgekehrtem Vorzeichen berücksichtigt, ohne daß uns dies bewußt wird.

Auf dem Wasser stehen uns nur selten Informationen über die visuelle Vertikale zur Verfügung, da etwa Masten, Tonnen etc. durch die Wind- und Wasserbewegung fast immer von der Vertikalen abweichen. Dafür haben wir in der Kimm eine beinahe allgegenwärtige Horizontale, die der visuellen Raumorientierung dient.

Krängungen des Schiffes beim Segeln oder die Schräglage einer Yacht, die trockengefallen ist, werden erheblich überschätzt. Liest man etwa am Klinometer eine Krängung von 30° ab, so wird von den Crewmitgliedern gern schon eine Krängung von über 45° geschätzt. Im Unterschied dazu wird die Schräglage an Bord eines Schiffes unterschätzt, wenn wir uns unter Deck befinden und der

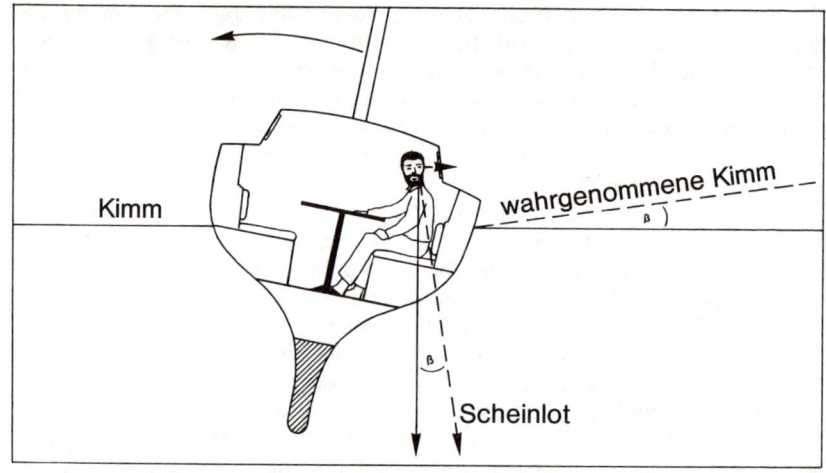

Abb. 32   Die Täuschung der schwankenden Kimm (siehe Text).

uns umgebende Salon jede Krängungsbewegung mitmacht. Hier sind wir im wesentlichen auf die Senkrecht-Information durch unser Gleichgewichtssinnesorgan angewiesen, besonders, wenn wir sitzen, wo der Stellungssinn nur eine geringe Rolle spielt. Schauen wir aus dem Bullauge, so scheint sich die Kimm mit dem Rollen des Schiffes zu bewegen. Diese Erscheinung läßt sich dadurch erklären, daß neben der Gravitationskraft, die vertikal zur Kimm stehend immer zum Erdmittelpunkt gerichtet ist, noch zusätzliche Beschleunigungskräfte auf das Gleichgewichtssinnesorgan einwirken.

Die Abb. 32 verdeutlicht diesen Sachverhalt: Die ausgezogene Linie bezeichnet die Gravitationsrichtung, die gepunktete Linie die Zusatzbeschleunigungskraft durch das Rollen des Schiffes und die gestrichelte Linie die Resultante aus beiden – das Scheinlot, das wir als Senkrechte wahrnehmen. Da das Gleichgewichtsorgan diese Resultante für die Gravitationsrichtung hält, entsteht eine Einordnung der gesehenen Kimm in den Wahrnehmungsraum als rechtwinklig zu der Resultante der auf das Gleichgewichtsorgan wirkenden Kräfte. Zwar bleibt bei allen Schiffsbewegungen die Gravitationsrichtung immer konstant aber die Zusatzbeschleunigungen ändern sich laufend in Richtung und Stärke und damit auch die Resultante aus beiden, wodurch die Kimm sich in dauernder scheinbarer Bewegung befindet. Der beschriebene Effekt tritt deshalb vorwiegend unter Deck auf, weil die Kimm nur sehr partiell durch Bullaugen oder Salonoberlichter gesehen wird und damit der visuelle Eindruck relativ wenig eindringlich ist. An Deck dagegen hat die Kimm, die sich rund um den Beobachter herum erstreckt und bei fast jeder Kopf- und Körperstellung sichtbar ist, einen viel stärkeren Einfluß auf die Interpretation der Hauptrichtungen des Gesamtwahrnehmungsraumes.

Auf Schiffen, besonders auf kleinen Yachten, die in dauernder schneller Bewegung sind, kommen die Informationen über die Vertikale, wie sie von den Augen aufgenommen werden und wie sie über den Stellungssinn und den Gleichgewichtssinn verarbeitet werden, dauernd miteinander in Konflikt. Wenn es zu einem solchen Konflikt zwischen den Empfindungen kommt, dominiert meistens das visuelle System. Dieser Wahrnehmungskonflikt ist, wie schon erwähnt, eine der Ursachen der Seekrankheit.

Längere Erfahrung auf See führt aber dazu, daß mehr und mehr die Information über die Senkrechte an Bord, wie sie als Resultante aus Gravitation und Zusatzbeschleunigung entsteht und auf den Gleichgewichtssinn wirkt, die Oberhand gewinnt. Dies ist auch sehr sinnvoll für die Tätigkeit an Bord, da diese Kräfte ja tatsächlich auf den Körper einwirken und Ausgleichsbewegungen zur Aufrechterhaltung des Körpergleichgewichts notwendig machen. Ein erfahrener Sportschiffer oder Seemann braucht sich daher bei den dauernden Stampf- und Roll-Bewegungen des Schiffes nur noch selten mit den Händen abzustützen, um sein Körpergleichgewicht zu halten, sondern er hat beide Hände für die Decksarbeit frei.

Unter Deck wird man zunächst deshalb dauernd hin und her geworfen, weil sich die Gravitationsrichtung laufend zu verändern scheint. Mit der Zeit aber lernt man, die sich aus den Bewegungen des Schiffes und der Gravitationsrichtung ergebende Senkrechte, bei der unser Körper beim aufrechten Gang im Gleichgewicht steht, wahrzunehmen und die damit im Konflikt stehenden visuellen Wahrnehmungen des Innenraumes und der durch die Fenster sichtbaren Kimm zu vernachlässigen. Bei der Ausbildung dieser an Bord optimalen Raumorientierung kann übrigens die Beobachtung von kardanisch aufgehängten Gegenständen (z. B. Petroleum-Lampen, Whiskyflaschen etc.) sehr hilfreich sein, da diese immer die für die Aufrechterhaltung des Körpergleichgewichtes optimale Senkrechte anzeigen.

Wodurch entsteht Seekrankheit?

In früherer Zeit sah man die Ursache der Seekrankheit in der Funktion des Magens, so wie man generell in der Medizin eine körperliche Ursache dort vermutete, wo ein Symptom auftrat. Heute weiß man, daß durch die Funktion des Gleichgewichtsorgans im Zusammenhang mit dem visuellen System und dem Gehirn die Seekrankheit entsteht. Die auslösenden Reize sind Bewegungsreize.

Nicht jede Bewegung aber macht bewegungskrank. Vielmehr ist es so, daß Bewegungen mit geringer Frequenz und großer Amplitude eher krank machen als Bewegungen mit großer Frequenz und geringer Amplitude (s. Abb. 33). So wird etwa auch berichtet, daß Menschen beim Reiten auf Kamelen bewegungskrank werden, nie aber beim Reiten auf Pferden. Die stärkste Wirkung haben Amplituden von 2 bis 5 m bei einer Frequenz von 15/min, wie sie gerade auf Schiffen häufig vorkommen. Die Anfälligkeit für Bewegungskrankheit wird verstärkt, wenn zusätzlich zu den auslösenden Bewegungsreizen noch Kopfbewegungen gemacht werden.

Bewegungskrankheit wird übrigens auch ausgelöst, wenn sich der Körper und der Untergrund in Ruhe befinden und der umgebende Raum sich entsprechend periodisch bewegt, wie dies in Experimenten ausprobiert wurde (Abb. 34). Die-

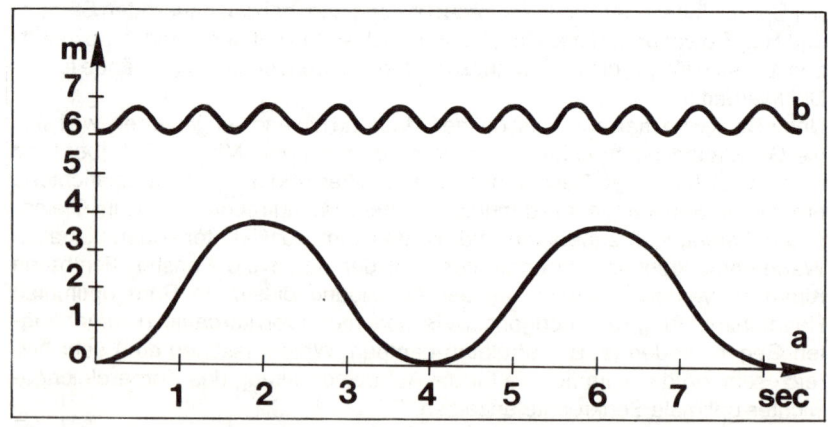

Abb. 33   Bewegungsformen, die mehr (a) oder weniger (b) Seekrankheit auslösen.

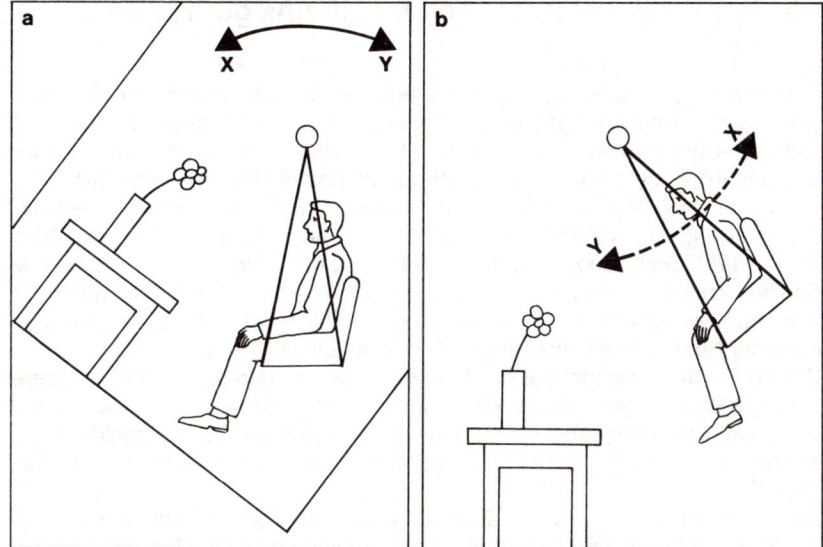

Abb. 34 Seekrankheit entsteht auch, wenn der Körper in Ruhe und der umgebende Raum bewegt ist;
a) der Raum bewegt sich periodisch von x ⇔ y;
b) scheinbar schaukelt aber die Versuchsperson von y ⇔ x.

ser Effekt kann von jedem auch im Rundkino (Cinerama) beobachtet werden, wenn die Darstellung von Schiffs- oder Flugzeugfahrten auf der Leinwand für alle im Raum stehenden Personen starke Gleichgewichtsstörungen und für einige auch Übelkeit hervorruft.

Neben der Bewegung gibt es zusätzliche Faktoren, die das Auftreten der Krankheit beschleunigen können. So ist es selbstverständlich, daß ein schwer-verdaulicher Mageninhalt, der auch unter anderen Umständen Erbrechen her-vorrufen könnte, das Auftreten von Seekrankheit wahrscheinlicher macht. Viele Sportschiffer haben auch die Erfahrung gemacht, daß unangenehme Gerüche unter Deck oder Nahrungsgerüche aus der Pantry die ersten Anzeichen von Seekrankheit auslösen können, weshalb sich auch gefährdete Menschen bei Seegang nur selten freiwillig unter Deck aufhalten. Der wichtigste auslösende Faktor aber ist die Angst vor der Seekrankheit.

Die Angst vor der Krankheit macht uns gerade krank

Wie oft haben wir schon gehört, daß Bekannte, die gelegentlich einmal mitsegeln, bei der Törnplanung für das Wochenende sich strikt dagegen wehren, daß Helgoland angelaufen wird: „Auf dem Helgoland-Törn muß ich mich immer übergeben", heißt es dann vorausschauend, und die Versicherung des Skippers, daß wenig Wind angesagt ist und daß es überall auf der Nordsee ein bißchen Dünung gibt, kann hier auch nichts mehr ausrichten. Es gibt Menschen, die bei der Vorstellung, es geht nach Helgoland, schon beim Betreten des Schiffes leichte Blässe zeigen und einen trockenen Mund bekommen, ja manche sollen sogar bereits an Land beim Anblick des Schiffes erste Anzeichen der Seekrankheit verspüren. Wie kommt dieses Verhalten zustande?

Solche Erwartungsangst vor der Seekrankheit wird durch eine oder mehrere negative Erfahrungen gelernt oder − wie der Psychologe sagt − konditioniert. Wie diese Erwartungsangst zustande kommt, durch die die Seekrankheit vorzeitig oder frühzeitig ausgelöst wird, sei anhand des Schemas der Abb. 35 dargestellt.

Auf der linken Seite des Schemas finden wir zunächst einen einfachen *bedingten Reflex:* Starkes und langandauerndes Rollen und Stampfen des Schiffes erzeugt reflektorisch (also ohne daß wir dies willentlich beeinflussen können) die Symptome der Seekrankheit (Blässe, Schwitzen, Übelkeit, Erbrechen). Oder anders ausgedrückt: Ein nicht gelernter (unkonditionierter) Reiz (UCS) erzeugt eine nicht gelernte, also angeborene (unkonditionierte) Reaktion (UCR). Wenn eine solche Reflex-Verbindung ein- oder mehrmals hergestellt wurde, dann können bereits immer gleichzeitig mit dem UCS auftretende Reizbedingungen eine abgeschwächte Seekrankheitsreaktion hervorrufen, ohne daß der eigentliche UCS (Stampfen und Rollen) auftritt: Also bereits der Anblick oder das Betreten eines Segelbootes kann als gelernter (konditionierter) Reiz (CS) eine gelernte Reaktion (CR) wie Angsterregung und Schwitzen hervorrufen.

Die gelernte oder konditionierte Reaktion tritt also auch dann auf, wenn es gar nicht zu den eigentlichen, die Seekrankheit auslösenden, typischen Bewegungsreizen kommt. Diese gelernte Reaktion (CS − CR) bezeichnen wir auch als *Erwartungsangstreaktion.* Auf der Grundlage einer derartigen konditionierten Reaktion wird nun nach dem Auslaufen des Schiffes und dem Spürbarwerden des Seegangs die eigentliche Seekrankheit mit Übelkeit und Erbrechen

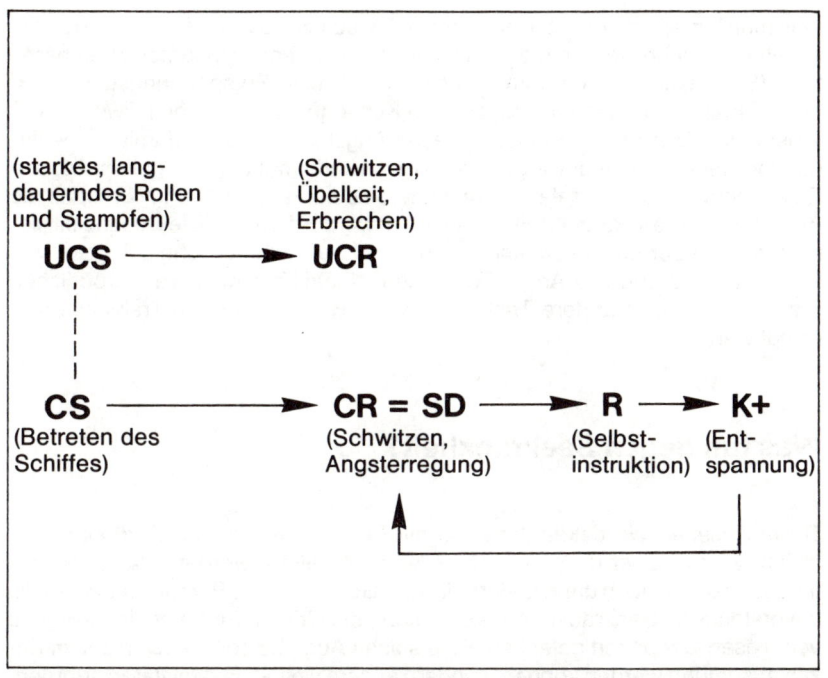

Abb. 35 Entstehung von Erwartungsangst und ihre Therapie durch Entspannung (siehe Text).

sehr viel schneller eintreten, zumal angsterregte Personen die Tendenz haben, sich an Bord ruhig hinzusetzen und sich passiv ihrem Schicksal zu ergeben. Im Sitzen nämlich tritt die Bewegungskrankheit schneller auf als in liegender oder stehender Körperposition (s. Seite 83).

Aber nicht nur die gelernte Angst vor der Seekrankheit, sondern auch Angst auf See überhaupt ebenso wie emotionale Belastung senken die Schwelle für das Auftreten der Seekrankheitssymptome. Bei manchen Menschen tritt z. B. die Übelkeit immer dann auf, wenn sich das Schiff außer Landsicht befindet.

Blicken wir auf die rechte Seite des Schemas (Abb. 35), wo eine einfache Art, die gelernte Erwartungsangst wieder abzubauen, dargestellt ist. Die Psychologen nennen diese Therapie *Desensibilisierung.*

Man muß lernen, die Angsterregungen (CR) rechtzeitig zu bemerken und wahrzunehmen. Dann werden diese Erregungen zu einem leicht unterscheidbaren Reiz (SD), nach dem man im Selbstgespräch eine Entspannungsübung (R) durchführen muß. Diese hat als positive Konsequenz (K+) eine teilweise oder vollständige Muskelentspannung, die der Angsterregung und damit der beginnenden Seekrankheit unweigerlich entgegenwirkt. Mit der Zeit gelingt es, den Entspannungszustand relativ schnell herbeizuführen, so daß im Ernstfall die Angstsymptome in kurzer Zeit überwunden werden können. Die Desensibilisierung ist eine der meist verwandten und erfolgreichsten psychologischen Methoden zum Abbau von Angst-Zuständen. Natürlich können zur körperlichen Entspannung auch andere Techniken wie z. B. das autogene Training angewandt werden.

Was tun gegen Seekrankheit?

Crewmitglieder, die bekannterweise mit Erwartungsangst an Bord kommen, sollten vom Skipper gleich mit einer Aufgabe betraut werden. Da die Erwartungsangst sich auch darin äußert, daß die Gedanken der Person immer um die bevorstehende Seekrankheit kreisen, kann die Orientierung auf eine Aufgabe von diesen Gedanken ablenken. Eine solche Aufgabe sollte auch nicht im Sitzen ausgeführt werden können, sondern andere vielfältige *Aktivitäten* erfordern (z. B. alles herumliegende laufende Gut ordentlich aufschießen), um gerade das passive Warten auf die nächsten Symptome zu verhindern. Wenn der Körper in Bewegung ist und beide Hände für die Aufgabe benötigt werden, müssen aktive Ausgleichsbewegungen gegen die Schiffsbewegungen gemacht werden, um das Gleichgewicht zu bewahren. Hierdurch wird die Gewöhnung an die Schiffsbewegungen erheblich erleichtert. Wenn man sich demgegenüber an die Reling oder das Deckshaus anlehnt, wird der Körper nur passiv mit den Bewegungen des Schiffes mitgeschaukelt. Dies aber erzeugt stärkere Bewegungsreize im Gleichgewichtsorgan und verhindert eine aktive Anpassung an die Schiffsbewegungen.
Die beste Aufgabe für ein seekrankheitsgefährdetes Crewmitglied ist die *Ruderwache*. Vom Autofahren her ist bekannt, daß die Mitfahrer etwa auf kurvigen Gebirgsstrecken häufiger bewegungskrank werden, nie aber der Fahrer

selbst. Dies liegt daran, daß er subjektiv das Gefühl der Kontrolle über die Bewegungsreize besitzt, die er ja durch seine Lenkbewegungen selbst auslöst. Auch auf kleinen Schiffen sind die Rudergänger weniger seekrankheitsgefährdet. Auch sie werden ja durch die Aufgabe, den Kurs zu halten, gezwungen, aktive Gegenbewegungen mit dem Ruder gegen das Gieren des Schiffes zu machen. Auch beobachten Rudergänger in der Regel die Wellenbewegung mehr als andere Crewmitglieder und sind von daher auf jede Schiffsbewegung schon vorher gefaßt. Auch hier ist also das Gefühl, das Schiff und seine Bewegungen selbst zu kontrollieren, eine gute Voraussetzung, Seekrankheit gar nicht erst aufkommen zu lassen oder ihre ersten Anzeichen wieder zu überwinden.

Eine wichtige Rolle spielt auch, wie schon erwähnt, die *Körperposition.* Im Liegen tritt Seekrankheit weit seltener auf oder nur mit geringfügigeren Symptomen als im Sitzen. Dies liegt wahrscheinlich daran, daß im Liegen der Körper nicht aus dem Gleichgewicht gerät und daß der Kopf in bezug auf den Körper relativ fest liegt. Bewegungen des Kopfes zusätzlich zu den äußeren Bewegungsreizen beschleunigen nämlich das Auftreten der Krankheitssymptome. Neben der liegenden Position ist die aufrechtstehende, mit leicht gespreizten Beinen ohne sich festzuhalten, am günstigsten. In dieser Position müssen die Schiffsbewegungen zwangsläufig aufgefangen werden, um das Gleichgewicht nicht zu verlieren. Durch den Gleichgewichtssinn und den Stellungssinn werden in dieser Position dauernd reflektorische Ausgleichsbewegungen der Gesamtmuskulatur hervorgerufen, wobei ein passives Sichgehenlassen verhindert wird.

Eine bekannte und relativ sichere Methode der Seekrankheitsprophylaxe ist es, *die Kimm* immer *im Auge* zu *behalten* und dabei den Kopf immer vertikal zur Kimm auszurichten. Diese Art der Kopfbewegung gegenüber dem Körper, die eine relativ konstante (visuelle) Wahrnehmung der Gravitationsrichtung erlaubt, ist die einzige, welche Seekrankheitssymptome nicht verstärkt. Dauerhaft verhindert werden kann bei Anfälligen Seekrankheit dadurch aber auch nicht, da der Konflikt zwischen dem, was man sieht und dem Gleichgewicht bestehen bleibt. Immerhin hat es sich gelegentlich bewährt, Crewmitglieder bei den ersten Anzeichen der Blässe auf Ausguckposten zu stellen.

Grundsätzlich gibt es zwei Möglichkeiten, an Bord freistehend das Gleichgewicht zu halten: Man kann auf die anrollenden Wellen, die einen aus dem Gleichgewicht zu bringen drohen, reagieren, indem man Gegenbewegungen macht, oder man kann lernen, die durch die anrollenden Wellen entstehenden Schiffsbewegungen vorherzusehen und schon rechtzeitig vorher seine Körperposition entsprechend darauf einzustellen. Im ersteren Fall muß der Blick auf die Kimm oder einen anderen Festpunkt gerichtet sein, damit das gestörte Gleichgewicht wieder hergestellt werden kann. Im zweiten Fall ist der Blick dagegen gen Luv in Richtung auf die anrollenden Wellen gerichtet, da man sein Gleichgewicht auf diese bereits vorher einstellen will. Da der Rhythmus der anrollenden Wellen relativ gleichförmig ist, lernt man bald diese vorausschauende Gleichgewichtsregulation, ohne die zu erwartende Wirkung jeder einzelnen Welle vorher abgeschätzt zu haben. Dieses Prinzip ist erfahrenen Seeleuten in Fleisch und Blut übergegangen, und sie haben dadurch einen absolut sicheren Stand an Bord, ohne sich festzuhalten oder immer wieder der Tendenz, umzufallen, entgegenwirken zu müssen. Dadurch können sie sich mit den Augen und Händen ganz auf die Decksarbeit konzentrieren. Wer dieses Stadium der Gleichgewichtsregulation erreicht hat, ist für die Seekrankheit kaum mehr anfällig.

Schließlich kann die Schwelle für das Auftreten der Seekrankheit durch *Suggestion* verschoben werden. Hierbei ist Selbst- und Fremdsuggestion zu unterscheiden. Selbstsuggestion, die ein frühzeitiges Auftreten von Krankheitssymptomen fördert, kommt relativ häufig bei ängstlichen Mitseglern vor. Diese reden sich schon frühzeitig ein, daß sie möglicherweise seekrank werden, und ihre Gedanken kreisen dauernd darum. Allererste Anzeichen der Krankheit werden dann sehr genau registriert und ängstlich beobachtet. Solche Mitsegler reagieren dann oft in einer Weise, daß sich ihr Zustand schnell verschlechtert: Sie setzen sich passiv in irgendeine Ecke des Schiffes und ergeben sich ihrem Schicksal. Es ist möglich zu lernen, gegen solche krankmachenden selbstsuggestiven Gedanken vorzugehen. Beim Auftreten der Gedanken setzt man durch ein mit sich selbst abgesprochenes kräftiges Handzeichen einen „Gedankenstop". Man schließt die Gedankenkette ab mit einem das eigene Selbstvertrauen bestärkenden Satz vom Typ: „Diesmal werde ich den Törn durchstehen, ohne seekrank zu werden." Anschließend ist es das beste, sich einer Aktivität an Bord zu widmen, die andere Gedanken aufkommen läßt.

Auch Fremdsuggestion kann wirksam sein, wenn beispielsweise Crewmitglieder dauernd an die Möglichkeit, daß bei Einzelnen Seekrankheit auftreten könnte, erinnern. Etwa in der Art: „Als wir beim letzten Mal mit ablaufendem Wasser und fünf Windstärken gegenan ausgelaufen sind, ist dreiviertel der Crew seekrank geworden." Ein Skipper sollte darauf achten, daß an Bord nicht dauernd über die Möglichkeit, seekrank zu werden, diskutiert wird, um Fremdsuggestionseffekte zu vermeiden. Wenn er statt dessen beim Aufkommen des

Themas etwas unwirsch in den Bart brummelt: „Auf meinem Schiff ist noch nie jemand richtig seekrank geworden", dann erreicht er möglicherweise, daß das eine oder andere anfällige Crewmitglied seine Symptome nicht so ernst nimmt und die passive Wartehaltung überwindet.

Die in diesem Abschnitt erläuterten Vorschläge zur psychologischen Beeinflussung der Bewegungskrankheit können sicherlich, jeder für sich genommen, das Auftreten der Symptome nicht verhindern. Ihre tendenzielle Wirksamkeit ist wissenschaftlich erwiesen. Aber eine der Sachlage angemessene Kombination der verschiedenen psychologischen Techniken kann immerhin dazu führen, daß bei geringem Seegang die Krankheit gar nicht erst auftritt oder daß bei stärkeren Bewegungsreizen die Symptome schwach bleiben und bald wieder überwunden werden: Der Vorteil der psychologischen Beeinflussungstechniken liegt darin, daß sie auch dann noch anwendbar sind, wenn es für Medikamente bereits zu spät ist, nämlich wenn die Bewegungskrankheit bereits begonnen hat.

Wenn die Seebeine gewachsen sind ...

Es ist eine alte Erfahrung, daß befahrene Seeleute nicht mehr seekrank werden, obwohl sie bei ihren ersten Fahrten durchaus seekrank geworden sind. Der menschliche Organismus gewöhnt sich an die Bewegungen auf See. Diese Gewöhnung findet nicht in den beteiligten Sinnesorganen, sondern im Gehirn statt. Wenn der Konflikt zwischen den visuellen und den Gleichgewichts-Informationen längere Zeit anhält, so findet in unserem Gehirn eine langsame Programmänderung statt, die den Konflikt aufhebt, indem sie die Abweichungen zur neuen Norm erklärt. Solche *Reorganisationen* des Zusammenwirkens und Zusammenpassens der Sinnesinformation sind in der Psychologie gut untersucht worden. So haben Versuchspersonen für längere Zeit ununterbrochen Umkehrbrillen getragen, die bewirkten, daß die umgebende visuelle Welt auf dem Kopf stand, für den Tastsinn aber natürlich weiterhin ihre alte Orientierung beibehielt. In solchen Versuchen zeigte sich, daß nach 10 bis 15 Tagen die visuelle Welt wieder umorganisiert wurde, also aufrecht stehend erschien und somit mit den Informationen der übrigen Sinne wieder übereinstimmte. Eine typische Folge einer solchen Umgewöhnung ist es, daß eine Nachwirkung auftritt: Wenn die Brille abgenommen wird, steht plötzlich die Welt wieder auf dem

Kopf, und es braucht einige Tage, bis sie ihre „richtige" Orientierung wieder zurückgewonnen hat. Ähnliches passiert ja, wie schon erwähnt, wenn eine Gewöhnung an die Schiffsbewegungen stattgefunden hat: Wieder an Land spüren wir plötzlich das Nachschwanken, als ob unser Gehirn nach wie vor das Programm zum Ausgleich der Schiffsbewegungen ablaufen läßt.

Die Gewöhnung an die Schiffsbewegungen findet bei längeren Törns nach zwei bis drei Tagen statt. Wer bis dahin nicht seekrank geworden ist, wird es wahrscheinlich auch nicht mehr werden; wer seekrank war, hat nun in der Regel diese Phase überwunden. Leider ist dies nicht bei allen Menschen so: Wer aus konstitutionellen Gründen stark anfällig für die Seekrankheit ist, bei dem findet dieser Gewöhnungsprozeß sehr verlangsamt und im Grenzfall gar nicht statt. Ich habe Crewmitglieder gekannt, die über zehn Tage lang seekrank waren, dieses aber durchstanden, weil sie wußten, daß sie sich dann ebenfalls an die Bedingungen auf See gewöhnen würden.

Die Nachwirkungen der Umgewöhnung kann man noch zwei bis drei Tage nach dem Törn spüren, wirksam ist sie aber noch über sechs bis zehn Wochen, so daß man sich auf einem neuen, innerhalb dieser Zeit beginnenden Törn nicht erneut umgewöhnen muß und damit auch nicht wieder seekrank wird. Daher kommt es, daß viele Sportschiffer einmal im Jahr, zu Beginn der Saison, beim ersten Törn seekrank werden und dann aber für den ganzen Sommer und Herbst „immun" geworden sind.

Es ist interessant zu wissen, daß die Umgewöhnung zunächst nur für die spezifische Bewegungsform eines ganz bestimmten Schiffes stattfindet. Daher kann es dem stolzen Besitzer einer neuen Yacht passieren, daß er auf der Jungfernfahrt als erstes Anzeichen von Seekrankheit verspürt, da er sich an die Bewegungen des neuen Schiffes erst anpassen muß. Ich habe es auch schon erlebt, daß ein erfahrener Berufsseemann, als er zum erstenmal einen Segeltörn auf einer Yacht mitmachte, zu den ersten Krankgemeldeten gehörte.

Glücklicherweise werden die Erfahrungen mit den Bewegungsformen verschiedener Schiffe (und auch unterschiedlicher Reviere) im Laufe des Lebens verallgemeinert, so daß Sportschiffer und Berufsseeleute mit langjährigen Erfahrungen auf See in der Regel keine Bewegungskrankheit mehr zu befürchten haben.

Zusammenfassung in Ratschlägen

Die folgende Übersicht über psychologische Verhaltensmaßregeln ergibt sich aus den Erläuterungen dieses Kapitels. Die einzelnen Ratschläge werden daher nicht noch einmal begründet. Viele der Verhaltensmaßregeln sind miteinander kombinierbar, andere widersprechen sich. Es bleibt dem einzelnen je nach seiner Einschätzung der Gesamtsituation und des Stadiums der Seekrankheit überlassen, die für ihn optimalen Verhaltensweisen herauszufinden.

- Nicht an die Seekrankheit denken, Gedankenstopp, sich aktiv anderen Dingen zuwenden;
- sich selbst Mut machen und Selbstvertrauen entwickeln;
- Muskelentspannung trainieren, beim Auftreten von Erwartungsangst sofort entspannen (Desensibilisierung);
- unangenehme Gerüche meiden (besonders Tabak, feuchte Kleidung, Erbrochenes), nicht in die Pantry gehen;
- unter Deck: hinlegen, Augen geschlossen halten;
- im Salon: kardanisch aufgehängten Gegenstand im Auge behalten;
- frische, kühle Luft aufsuchen und ruhig durchatmen;
- möglichst nicht in geschlossenen Räumen aufhalten, an Deck gehen;
- die Amplitude der Bewegungsreize vermindern: sich mittschiffs oder achtern aufhalten, die Vorschiffskajüte meiden;
- nicht sitzen und sich passiv von den Schiffsbewegungen hin und her schaukeln lassen;
- im Stehen sich nicht anlehnen, sondern frei stehen und aktive Ausgleichsbewegungen zur Erhaltung des Gleichgewichts machen;
- den Kopf möglichst wenig bewegen;
- die Kimm fixieren, Ausguck gehen;
- den Seegang beobachten und die Wellenbewegung vorher abschätzen;
- seemännische Aufgaben übernehmen;
- Ruderwache gehen;
- übernommene Aufgaben auf jeden Fall zu Ende durchführen, sich nicht gehen lassen;
- die Seekrankheit aktiv durchstehen, dadurch wird der Umgewöhnungsprozeß beschleunigt.

Sportschiffahrt als Arbeit

Arbeitspsychologische Überlegungen für einen Freizeitsport?

Daß die Freizeitbeschäftigung des Segelns etwas mit Arbeit, der wir in unseren Ferien ja gerade entfliehen wollen, zu tun haben soll, mag auf den ersten Blick verwunderlich erscheinen. Jedoch ist es in unserem Zusammenhang gleichgültig, ob es sich bei *seemännischen Arbeiten* an Bord um bezahlte Berufsarbeitstätigkeit handelt, oder ob nur die übrigen Kennzeichen von Arbeit zutreffen. Arbeit hat keinesfalls, wie es bei der Form der Lohnarbeit häufig angenommen wird, notwendig etwas mit Mühsal und unangenehmer Lästigkeit zu tun. Wohl treten bei der Arbeit in der Regel Belastungen auf, deren Dosierungen berücksichtigt werden sollten. Aber bei der Arbeit sind wir auch in der Lage, unsere Fähigkeiten zu überprüfen und zu entwickeln. Daraus ergibt sich häufig ein Gefühl der Befriedigung, welches ohne „geschaffte" Arbeit nicht auftritt. Darüber hinaus ist Arbeit − besonders auch an Bord − meistens kooperative Arbeit, das heißt in der Arbeit wird eine besondere Art von Sozialbeziehung zu anderen Menschen eingegangen, auf deren Grundlage sich Sympathie und Freundschaft entwickeln können. Aus den genannten Gründen wird die Arbeit heute von vielen Psychologen als die wichtigste Voraussetzung für eine lebenslange Persönlichkeitsentwicklung angesehen.

Damit bei seemännischen Arbeiten solche positiven Wirkungen für *alle* Crewmitglieder erreicht werden, ist es notwendig, sich einige Gedanken über bei der Arbeit auftretende Belastungen und über die Organisation und Verteilung der Arbeit zu machen. Bei Überbelastung von Crewmitgliedern ist nicht nur Unzufriedenheit die Folge, sondern es steigt auch die Wahrscheinlichkeit von Fehlern. Unterbelastung und Einseitigkeit bei der Arbeitsverteilung erzeugt ebenfalls Unzufriedenheit und einen Mangel an Motivation. Die sozialpsychologischen Probleme der Arbeitsorganisation werden im folgenden Abschnitt angesprochen.

Jeder hat seine Aufgabe, aber alle sind unzufrieden — Sinn und Unsinn der Arbeitsteilung an Bord

Wenn sich eine durchschnittliche Vereinscrew zu dem allsommerlichen Ostseetörn „rund Seeland" zusammenfindet, dann herrscht an Bord bald emsiges Treiben. Wenn man näher hinschaut, hat jedes Crewmitglied eine Arbeit gefunden, die seinen Qualifikationen entspricht und die ihm Spaß macht: Der junge begeisterte Jollensegler steht auf dem Vorschiff und kümmert sich um die Besegelung, überprüft Fallen und Schoten sowie die Segel auf mögliche Rißstellen; der Kfz-Mechaniker macht sich an die Maschine, nimmt einen Ölwechsel vor und überprüft den Kompressionsdruck; ein anderer kümmert sich um das Ankergeschirr, macht die Winsch gängig und macht sich mit der Aufhängung des Ankers vertraut; ein weiterer Mitsegler, der den gesamten Proviant eingekauft hat, macht sich daran, diesen unter Deck zu verstauen und entsprechende Listen anzulegen; die beiden Wachführer stehen derweil in der Navigationsecke über eine Seekarte gebeugt und besprechen navigatorische Probleme im Zusammenhang mit der bevorstehenden Wetterlage; ein weiteres Crewmitglied, im Zivilberuf Elektrotechniker, macht sich an den Batterien zu schaffen und überprüft anschließend mit seinem Meßgerät die Betriebsspannung am UKW-Funkgerät; der Skipper schließlich steht sinnierend auf dem Achterschiff und macht sich Gedanken über die richtige Flaggenführung.

Diese sich spontan ergebende Arbeitsteilung scheint auf den ersten Blick sehr sinnvoll zu sein — jeder nach seinen Bedürfnissen und seinen Fähigkeiten. Problematisch wird es erst, wenn nach zehn Tagen auf See noch immer die gleiche Arbeitsteilung herrscht. Inzwischen hat sich nämlich einige Unzufriedenheit an Bord breit gemacht. Die „Segler", die bei Tag und Nacht und bei jedem Wetter an Deck gerufen werden, wenn es um ein Segelmanöver geht, beschweren sich über die „Techniker", die nicht die Hundewache gehen wollen, weil sie grad gestern zweieinhalb Stunden lang die automatische Lenzpumpe repariert haben. Diese beschweren sich wiederum über die Wachführer, die ihnen immer nur Anweisungen geben, ohne ihre tiefere Einsicht ihnen gegenüber zu begründen. Der Spezialist für das Ankergeschirr schließlich sitzt mißmutig im Cockpit, weil er nur durchschnittlich alle zwei Tage bei Ankermanövern zum Zuge gekommen ist und weil er sich bei den übrigen Tätigkeiten an Bord immer etwas überflüssig vorkommt. Und der Smut (der sich ursprünglich nur zum Provianteinkaufen bereitgefunden hatte) kennt die Ostsee nur aus der Pantry-Perspektive, weil er der einzige war, der sich genügend mit den Vorräten auskannte und somit erster Ansprechpartner für alle hungrigen Crewmitglieder ist. Ähnliches ist häufig bei den typischen „Familiencrews" zu beobachten: Vater kümmert sich den ganzen Ferientörn über um die Navigation, Mutter steht ihm auf der Backbordseite gegenüber in der Pantry und versorgt tagaus tagein die ganze Familie; die beiden Kinder schließlich dürfen auf Anweisung des Vaters die Vorsegel bedienen und Ruderwache gehen. Erst wenn die Hafeneinfahrt in Sicht kommt, nimmt ihnen der Vater das Ruder freundlich aber bestimmt aus der Hand; auch die Mutter bekommt nun neue Aufgaben: Sie darf Vor- und Achterleine klarlegen und die Fender an der Reling verteilen. So geht das Jahr für Jahr, und der Familienvater wundert sich, daß Mutter nicht mehr die richtige Lust am Segeln hat und sich für den nächsten Urlaub ein Hotel an einem Mittelmeerstrand (Vollpension, versteht sich) wünscht. Auch die inzwischen erwachsen gewordenen Kinder gehen eigene Wege – aber an Land; Segeln haben sie ja Sommer für Sommer in ihrer Jugend gemußt.

Die Ursachen solcher Unzufriedenheit haben die Psychologen in der Arbeitswelt seit langem untersucht und erkannt: zu eng begrenzte Aufgaben, zu wenig Übersicht über den Gesamtablauf der Arbeit, immer das gleiche Tag für Tag, Jahr für Jahr. Das sind typische Kennzeichen von Arbeitsplätzen, an denen die Motivation zu arbeiten nur noch durch die Lohntüte aufrecht erhalten wird. Arbeitsmotivation als Interesse an dem hergestellten Produkt bzw. an der Tätigkeit selbst und an der gesellschaftlichen Nützlichkeit des Tuns finden wir hier nicht. Der Begriff „entfremdete Arbeit" ist für eine solche Arbeitssituation zum Schlagwort geworden. Ähnlich kann es in den beschriebenen Situationen auch an Bord sein. Hier, wo viele eigentlich der Monotonie ihres alltäglichen Arbeitslebens entfliehen wollen, kommt es häufig mehr oder weniger spontan zu einer ähnlichen Spezialisierung und Vereinseitigung der Tätigkeiten wie im Arbeitsleben.

Aber nicht nur spontan bilden sich solche Spezialisierungen heraus – auf Hochseeregatten werden sie gelegentlich vom Schiffseigner oder vom Schiffsführer regelrecht gefordert. So soll etwa der Skipper der Regattayacht „Flyer" vor dem letzten Whitbread-Rennen rund um die Welt einen seiner Vorschiffsleute mit der lakonischen Bemerkung, „dies ist die Backbordwinsch, deine Aufgabe für das nächste Jahr", in seine Position eingewiesen haben. Erfahrungen mit Auswüchsen von Arbeitsteilung auf Hochseeregatten müssen wohl auch die Regattaleitung des gleichen Rennens dazu gebracht haben, in die Sicherheitsliste die Bestimmung aufzunehmen, daß Winschen nicht von Stationen unter Deck aus bedient werden dürfen. Nur zu leicht könnte sonst der Ehrgeiz und die Menschenverachtung eines Skippers dazu führen, daß Crewmitglieder die ganze Regatta über als Arbeitspferde unter Deck gehalten werden – eine Vorstellung, bei der man unwillkürlich an die Arbeitssituation der antiken Galeerensträflinge erinnert wird.

Wie wir an den Beispielen gesehen haben, kann dauerhafte und übertriebene Arbeitsteilung die Motivation zum Segeln auf den absoluten Nullpunkt bringen. Von gelungener Freizeitbeschäftigung oder gar von Qualifikation oder Persönlichkeitsentwicklung kann hier nicht die Rede sein. Dabei sind gerade Segelschiffe in unserer hochtechnisierten und immer weniger durchschaubaren Welt eines der letzten Reservate für lebensnahe – oder wie man heute gerne sagt „konviviale" – Technik. Sieht man von der komplizierten Elektronik an Bord ab, wie Radar, Hyperbel- oder Satelliten-Navigation, so sind alle mit dem Segeln zusammenhängenden Techniken relativ leicht überschaubar, lernbar oder verstehbar, ohne daß die Crewmitglieder Ingenieure, Mathematiker, Physiker oder gar Psychologen sein müssen. Eine solche Durchschaubarkeit aller Vorgänge an Bord ist durchaus lebensnotwendig, da im Störungsfall fernab von jeder Hilfe Maßnahmen getroffen, Reparaturen durchgeführt, Rechnungen ohne Kleincomputer ausgeführt und Streitfälle geschlichtet werden müssen. Hier liegt gerade die besondere Qualität des Segelns, daß wir an Bord eine eigene, nach außen relativ abgeschlossene, kleine Welt vorfinden, in der alle auftretenden Probleme mit Bordmitteln, das heißt in der Regel ohne Hilfe von außen, lösbar sein sollten.

Hierin liegt nun auch eine Chance für jedes einzelne Crewmitglied, sich auf einem Segeltörn eine umfassende Kenntnis dieser Welt im Kleinen zu verschaffen und dabei aus überschaubaren Zusammenhängen auch Vertrauen in die eigenen Fähigkeiten zu gewinnen, sich in komplizierteren Welten – an Land – zurechtzufinden. Segeln ermöglicht also eine praxisnahe Ausbildung zum Aerodynamiker, zum Meteorologen, zum Maschinenbauer, zum Mathematiker, zum Metall-, Holz-, Kunststoff-Arbeiter, zum Funker, zum Takler, zum Koch, zum Mechaniker, zum Notfallsmediziner oder zum Konfliktpsychologen. Bei all diesen Qualifikationsmöglichkeiten kommt es weniger darauf an, nach dem Segeltörn ein „Diplom" nach Hause zu tragen, sondern das Selbstvertrauen zu gewinnen, neue, nie vorher dagewesene Aufgaben bewältigen und Probleme lösen zu können. Diese Erziehung zur Selbständigkeit und zum Selbstvertrauen unter realistischer Einschätzung der eigenen Fähigkeiten, wie sie an Bord von Yachten möglich ist, ist einer der Gründe dafür, daß in den letzten Jahren immer mehr Gruppen und Vereine den pädagogisch-therapeutischen Wert des Segelns für sozial auffällige und lernbehinderte Jugendliche entdeckt haben.

Dieser Aspekt der Persönlichkeitsentwicklung und der Entwicklung von körperlichen und geistigen Fähigkeiten setzt naheliegenderweise voraus, daß keine allzu strenge Arbeitsteilung an Bord herrscht, und besonders, daß der Zusammenhang der verschiedenen Tätigkeiten an Bord für jedes Crewmitglied durchschaubar wird. Ein wortkarger Skipper, der seiner Crew nach vielstündigem Segeln im freien Seeraum einen neuen Kurs mitteilt, ohne die hinter dieser Kursänderung stehenden seemännischen Überlegungen zu erläutern, wird bei seiner Crew kaum die angesprochenen Fähigkeiten zur Einordnung des eigenen Tuns in den Gesamtzusammenhang der kleinen Welt an Bord fördern. Auch eine Verteilung der Aufgaben an Bord, die die Bedürfnisse des einzelnen Crewmitgliedes nicht berücksichtigt, ist hierfür nicht förderlich. Die Voraussetzung zu selbständiger Tätigkeit ist nämlich die geistige Einsicht in den Zusammenhang dieser Tätigkeit, woraus sich ja der Ablauf der einzelnen Handlung bei der Bewältigung einer seemännischen Aufgabe erst ergibt, und zweitens eine von innen kommende und nicht von außen gesetzte (durch Befehl, Drohung oder Belohnung) Motivation, die Aufgabe auch zu übernehmen.

Wohlgemerkt, hier soll nicht der Anarchie an Bord das Wort geredet werden, wenn eine flexiblere Arbeitsteilung empfohlen wird. Natürlich kann sich nicht jeder, der gerade Lust hat, zum Skipper aufschwingen; natürlich ist es unpraktisch, die Bordkasse täglich von einem anderen Crewmitglied führen zu lassen; geradezu gefährlich wird es, wenn man bei Sicherheitsmanövern (Mann-über-Bord o. ä.) jeden nach seinen Bedürfnissen agieren ließe. Nirgendwo sind klarere Arbeitsteilungen notwendig, als gerade in der Sicherheitsrolle eines Schiffes. Aber für das alltägliche Leben an Bord, für die normalen Segelmanöver, nicht gerade unter Extrembedingungen, für die Navigation, wenn es nicht gerade um eine Hafeneinfahrt bei Nebel geht, läßt sich durchaus eine flexible Verteilung der Arbeit verwirklichen, mit dem Ergebnis, daß nicht nur die Stimmung an Bord erheblich gehoben wird, sondern auch, daß die Crewmitglieder mehr lernen und damit für den Ernst- oder Notfall besser gewappnet sind.

Die neuere Arbeitspsychologie hat eine Reihe von Techniken der flexiblen Arbeitsteilung entwickelt, die sogenannten *„neuen Formen der Arbeitsgestaltung"*, die, da sie unter den restriktiveren Bedingungen von Wirtschaftsbetrieben funktionieren, durchaus auch auf die Situation an Bord übertragbar sind:

a)   *Arbeitswechsel* (job rotation): Langeweile und Einseitigkeit einer Aufgabenposition werden dadurch vermindert, daß verschiedene Crewmitglieder in regelmäßigem Turnus ihre Aufgaben miteinander vertauschen. Der Umfang der einzelnen Aufgabe bleibt dabei unberührt. Dieses Prinzip wird auf den meisten Sportschiffen auch verwirklicht, wenn etwa der Backschaftsdienst in regelmäßigem Turnus auf alle Crewmitglieder verteilt wird. Von einem echten Arbeitswechsel kann aber erst gesprochen werden, wenn ein großer Teil der an Bord anfallenden Aufgaben einbezogen wird.

b) *Aufgabenvergrößerung* (job enlargement): Hierbei wird die Einzelaufgabe vergrößert, indem verschiedene, bisher getrennte Aufgaben miteinander verbunden werden. Beispiele hierfür wären: Nicht ein Maschinist übernimmt während des ganzen Törns die Inspektion und Wartung der Maschine, sondern er koordiniert diese Aufgaben lediglich: Inspektion und Kontrolle der Maschine werden (etwa bei Marschfahrt) von der jeweiligen Wache mit übernommen.

Ein anderes Beispiel: Jede Wache erhält die Aufgabe, in ihrer Wachzeit auch den Zustand des laufenden Guts und der Segel zu überprüfen. In einer der folgenden Wachfreizeiten sind dann von diesen Crewmitgliedern die entsprechenden Spleißarbeiten oder Ausbesserungen von Lieknähten vorzunehmen.

c) *Aufgabenbereicherung* (job enrichment): Im Gegensatz zur Aufgabenvergrößerung, die eine horizontale Auflockerung der Arbeitsteilung durch Einbeziehung zusätzlicher ähnlicher Tätigkeiten bedeutet, stellt die Aufgabenbereicherung eher eine vertikale Vergrößerung des Handlungsspielraums des einzelnen Crewmitgliedes dar. Jedes Crewmitglied erhält hierbei generell die Aufgabe, die Voraussetzungen seiner Arbeit selbst herzustellen und die Ergebnisse und die Folgen seines Tuns laufend selbständig zu überprüfen. Wer abends im Hafen die Aufgabe hatte, die Fender zwischen Bordwand und Kaimauer zu setzen, hat damit gleichzeitig die Aufgabe, deren Lage bei Windgefahr oder bei Änderungen des Wasserstandes mehrmals des Nachts zu überprüfen. Oder wer den Wetterbericht von Norddeich Radio mitschreibt, sollte auch danach (unter Anleitung) die Wetterkarte zeichnen, usw.

d) *Teilautonome Arbeitsgruppen:* Dieses Konzept ist das weitestgehende der neuen Formen der Arbeitsgestaltung. Teilautonome Arbeitsgruppen können bei einer gegebenen Aufgabe selbst entscheiden, wo, wann, mit wem, mit welchen Methoden, mit welcher Arbeitsverteilung und nach welchem Führungsprinzip sie arbeiten wollen.

Sicherlich ist ein solches Modell zur Aufhebung festgelegter Arbeitsteilung an Bord nur sehr bedingt zu verwirklichen. Allerdings könnte man eine Wache durchaus als solch eine teilautonome Arbeitsgruppe begreifen; vorausgesetzt, daß seemännisch erfahrene und navigatorisch qualifizierte Wachführer vorhanden sind, könnte eine Wache ihr vorgegebenes Ziel selbständig und selbsttätig zu erreichen suchen, ohne daß ihr bei jeder Einzelentscheidung – wann ein Kreuzschlag zu beenden ist, wie hoch an den Wind gegangen werden soll, welche Besegelung zu fahren ist etc. – der Skipper Anweisungen geben müßte. So hat die Wache die Chance, eigene Erfahrungen zu machen und aus Fehlern, die sie selbst gemacht und analysiert hat, zu lernen. Selbstverständlich muß auch hier der Skipper notfalls sofort eingreifen, wenn die Sicherheit des Schiffes oder der Crewmitglieder auf dem Spiel steht. Die Autonomie der Wachen ist sicherlich auf einem Urlaubstörn ein empfehlenswertes Konzept. Bei Regatten dagegen, wo es auf die Zeit und auf die genau kalkulierte Belastung des Materials ankommt, ist ein solches Konzept sicherlich weniger vertretbar, da hier jeder vermeidbare Fehler vermieden werden muß.

Um es zusammenzufassen, werden hier einzelne Ratschläge noch einmal aufgelistet, damit aufkommendem Frust in der Crew rechtzeitig zuvorgekommen werden kann:

– Keine Informationen zurückhalten – auch Crewmitglieder, die erst wenig vom Segeln verstehen, wollen wissen, worum und besonders wohin (!) es geht;

– möglichst viele Aufgaben kooperativ verteilen und ausführen lassen – ein einzelnes Crewmitglied sollte z. B. nicht 3 Stunden lang alleine Kartoffeln schälen;

– die Leute, die schon mehr vom Segeln wissen, sollten sich nicht zu gut dafür sein, auch einfache „unqualifizierte" Tätigkeiten mit zu übernehmen;

– besonders für unbeliebte Tätigkeiten sollte ein klarer Aufgabenverteilungsplan existieren – so sollte man etwa das Geschirr nach dem Essen nicht einfach stehen lassen, bis sich eine(r) darüber erbarmt – oft ist dies immer das gleiche Crewmitglied, und dem platzt früher oder später mit Sicherheit der Kragen;

– bei der Aufgabenverteilung die Motivation fördern, z. B. auf interessante, qualifizierende Aspekte einer Tätigkeit verweisen;

– unbeliebte (ebenso wie beliebte) Aufgaben reihum übernehmen, keine „Aufgaben-Monopole" bilden;

- den Umfang von Aufgaben nicht zu eng definieren, damit die Aufgabe nicht aus dem Zusammenhang gelöst erscheint;
- unbeliebte, langweilige Aufgaben mit beliebten, verantwortlichen Aufgaben kombinieren;
- Arbeitsgruppen (z. B. Wachen) eine Autonomie bei der Zielbestimmung, Organisation und Durchführung von Aufgaben zugestehen.

Auf Wache

Während in der Berufsschiffahrt von alters her das Leben an Bord durch den regelmäßigen Rhythmus von Wachen und Freiwachen strukturiert ist, werden auf Sportschiffen nur bei längeren Törns, bei großen Crews oder bei Nachtfahrten Wacheinteilungen vorgenommen. Allerdings hat sich das reine „Lustprinzip", nach dem jeder an Bord etwas tut, wenn er dazu Lust hat, auch nicht immer bewährt, weil dann die Verantwortlichkeiten unklar sind. Sicherlich brauchen wir die Wacheinteilung beim Freizeitsegeln nicht so ernst zu nehmen, daß wir nicht einmal eine kurze spontane Ablösung einzelner Personen organisieren können. Wenn wir auf Sportschiffen Wachen einteilen – und dies ist bei Nachtfahrten sicherlich unabdingbar –, dann sollten wir kein starres Schema anwenden, sondern den unterschiedlichen Schlafbedürfnissen der Crewmitglieder und der im Tagesverlauf schwankenden Leistungsfähigkeit entsprechend vorgehen.

Jeder hat sicherlich schon bei sich selbst feststellen können, daß seine Aufmerksamkeit, seine Leistungsfähigkeit und seine Schlafanfälligkeit mit den unterschiedlichen Tageszeiten Schwankungen unterworfen ist. Die Abb. 36 zeigt den durchschnittlichen Tagesverlauf der menschlichen Leistungsfähigkeit. Die Kurve wurde aus einer sehr großen Zahl von Fehlleistungen, wie sie in einem Industriebetrieb zu den verschiedenen Tageszeiten auftraten, berechnet. Je niedriger die Leistungsbereitschaft, um so mehr Fehler wurden gemacht. Die Kurve zeigt, daß die Leistungsbereitschaft in der Zeit zwischen 0000 und 0500 Uhr gering ist, mit einem Minimum bei 0300 Uhr. Der Höhepunkt der Leistungsbereitschaft wird um 0700 erreicht, von dann ab sinkt sie über den ganzen Tag langsam ab. Ein Einbruch in der Leistungsbereitschaft findet sich noch in der Mittagszeit zwischen 1100 und 1600 Uhr. Mißt man über den gan-

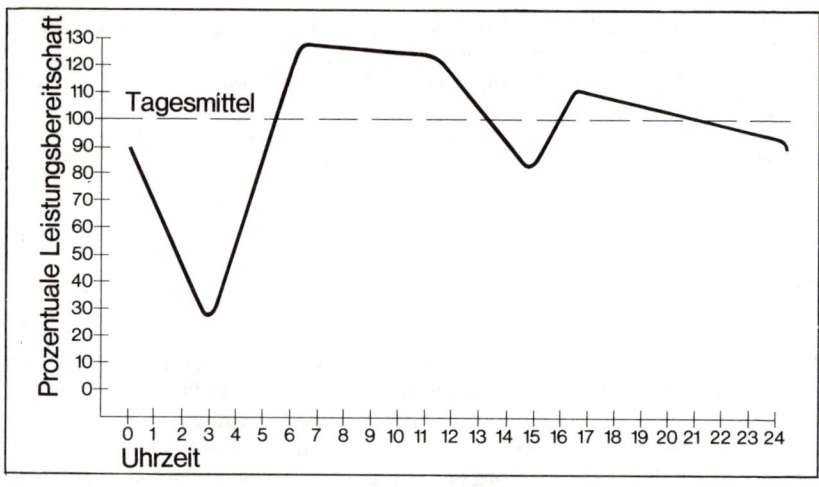

Abb. 36   Schwankungen der Leistungsbereitschaft im Tagesverlauf.

zen Tag physiologische Werte, wie die Pulsfrequenz oder die Körpertemperatur, so kommt man zu einer identischen Kurve, nur daß bei der Körpertemperatur der „Mittagsabfall" nicht verzeichnet wird.

Bei der Aufstellung von Wachplänen auf Sportschiffen sollte man diese Leistungskurve nun durchaus berücksichtigen. Sportsegler, die immer nur einige Wochen im Jahr auf See fahren, sind nicht wie Berufsseeleute an einen festen Wachrhythmus gewöhnt und haben dementsprechend auch Schwierigkeiten, die nächtlichen Wachen, besonders die „Hundewache" von 0000 bis 0400 Uhr, durchzustehen.

Die Abb. 37 zeigt einige Vorschläge für solche Wachpläne. Es gibt natürlich eine große Anzahl verschiedener Möglichkeiten, die hier nicht alle aufgeführt werden können. Die Aufstellung ist für Langzeittörns gedacht und geht davon aus, daß Wachablösungen immer zu vollen Stunden stattfinden sollen und daß an aufeinanderfolgenden Tagen die Wachablösungen zu gleichen Tageszeiten stattfinden, d. h. daß um 2400 Uhr immer eine Wachablösung stattfindet und der Wachplan des nächsten Tages beginnt. Es wird weiter davon ausgegangen, daß drei Wachen eingeteilt werden. Zwei oder vier Wachen-Einteilungen können leicht von diesem Schema abgeleitet werden.

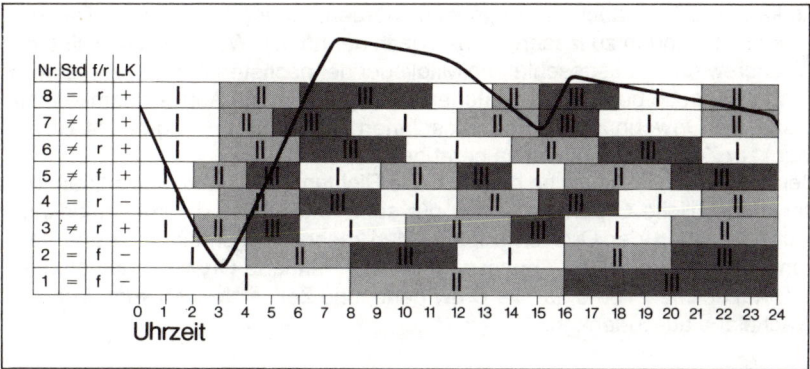

Abb. 37   Vor- und Nachteile verschiedener Wachpläne (siehe Text).

Auf der linken Seite der Grafik werden die Wachpläne in drei Spalten danach bewertet, ob sie für alle Wachen zur *gleichen Wachstundenzahl* in 24 Stunden führen (Std. = / ≠). In der nächsten Spalte ist aufgeführt, ob es sich um einen *fixen* oder einen *rotierenden Wachplan* handelt (f/r). Bei einem fixen Wachplan hat jedes Crewmitglied an aufeinanderfolgenden Tagen zur gleichen Stunde seine Wache, während sich bei einem rotierenden Wachplan die Wachzeiten von Tag zu Tag verschieben. Bei Wachzeiten ungleicher Stundenzahl an einem Tag kommt dadurch nach jeweils drei Tagen auf See die gleiche Wachstundenzahl zusammen. In der letzten Spalte schließlich (LK) ist durch ein + oder ein − bewertet, ob die *Kurve der Leistungsbereitschaft* in dem Wachplan *berücksichtigt* ist.

Der Wachplan Nr. 2 zeigt den in der Berufsschiffahrt weitgehend üblichen Vierstunden-Rhythmus, wie er auch durch die Glasenuhr angezeigt wird. Es wird diskutiert, daß 8-Stunden-Wachen günstiger sind, da sie längere zusammenhängende Schlafzeiten ermöglichen (Nr. 1). Bei den übrigen Wachplänen ist bis auf Nr. 4 (gleichmäßiger Dreistunden-Wach-Rhythmus) die Leistungskurve berücksichtigt, so daß in den Zeiten niedriger Leistungsbereitschaft kürzere Wachen und in den Zeiten höherer Leistungsbereitschaft längere Wachen eingeteilt werden. Nr. 8 zeigt auch ein Beispiel, wie bei einem rotierenden Wachplan an jedem Tag die gleiche Wachstundenzeit für jede der drei Wachen erreicht werden kann. Eine entsprechende Charakteristik hat Wachplan Nr. 3, wenn er mit zwei Wachen gefahren wird.

Es kann natürlich auch daran gedacht werden, zu den Nachtzeiten Teilablösungen stattfinden zu lassen, so daß nach der halben Wachzeit die Hälfte der Wachcrew durch ausgeschlafene Mitglieder der nächsten Wache ersetzt wird. Jedoch ist auch bei ausgeschlafenen Wachgängern die Aufmerksamkeit aufgrund der Gewöhnung an den circadianen Rhythmus (= Tag-Nacht-Rhythmus) zur Zeit der Hundewache herabgesetzt.

Bei Langreisen in westliche oder östliche Richtung ist zu berücksichtigen, daß der menschliche Organismus sich nur sehr langsam an die kontinuierlichen Veränderungen der Ortszeit anpaßt. Man rechnet allgemein, daß erst nach zehn Tagen eine solche Anpassung an die veränderte Ortszeit stattgefunden hat. Auf solchen Törns hat die Crew genügend Zeit, sich noch kompliziertere Wachpläne auszudenken.

Die Schrecksekunde — reagieren oder vorausdenken?

Schnelle Reaktionen sind auf dem Wasser häufig erforderlich. Jedoch noch wichtiger als die *Geschwindigkeit* ist die *Richtigkeit* der Reaktion. Da alle Verkehrsvorgänge auf dem Wasser — verglichen mit Verkehrsvorgängen auf der Straße und in der Luft — relativ langsam ablaufen, ist die Bedeutung der „Schrecksekunde" in der Seefahrt relativ gering. Auch bei unerwartet eintretenden Ereignissen bleiben in der Regel noch einige Sekunden Zeit, um durch kurzes Nachdenken und Abwägen verschiedener Reaktionsmöglichkeiten auf die richtige Weise zu handeln. Während bei einem Straßenfahrzeug eine Sekunde Verzögerung beim Bremsen aus einer Geschwindigkeit von 100 km/h in einer Verlängerung des Bremsweges um rund 28 m resultiert, macht die gleiche Zeitverzögerung bei einer Yacht, die 6 Knoten läuft, gerade 3 m aus. Das in „blinder" Schreckreaktion vom 1. Offizier der „Titanic" beim plötzlichen Auftauchen des Eisbergs gegebene Notkommando: „Ruder hart Steuerbord, beide Maschinen volle Kraft zurück", wäre bei nur wenigen Sekunden des Nachdenkens zu einem wirkungsvolleren, möglicherweise weniger fatale Folgen zeitigenden Kommando modifiziert worden: nämlich entweder eine Kursänderung vorzunehmen oder die Fahrt so weit wie möglich zu vermindern.

Aber zurück zu kleineren Schiffen und kleineren Problemen: Reaktionszeiten können an Bord von Sportschiffen dann eine Rolle spielen, wenn es um exakte Zeitnehmung durch zwei Crewmitglieder geht. Etwa wenn die genaue UT1 im

Augenblick der Höhenmessung eines Gestirns durch den Zuruf „Null" von einem Crewmitglied abgelesen werden soll oder wenn zwei Crewmitglieder eine Relingslogge („Tuborglogge") nehmen wollen. Zwischen dem „Null"-Ruf des einen Crewmitgliedes und dem Drücken der Stoppuhr des anderen liegen mindestens 0,2 s. Diese Zeit nämlich benötigt der akustische Reiz mindestens, um im Gehirn verarbeitet und in eine Muskelreaktion umgesetzt zu werden. Die Reaktionszeit kann sich aber unter bestimmten Bedingungen noch erheblich (bis zu einer Sekunde) verlängern. Aber bereits 0,2 s bedeuten bei einer Meßstrecke von 6 m und gestoppten 1,9 s eine berechnete Geschwindigkeit von 5,8 kn anstatt tatsächlichen 6,5 kn. Allgemein kann man zum Einfluß der Reaktionszeit auf die an der Reling geloggte Fahrt sagen: Je schneller das Schiff fährt und je kürzer die Meßstrecke ist, um so größer wird der Fehler durch die Reaktionszeit sein.

Man kann bei der Zeitmessung durch zwei Crewmitglieder die Reaktionszeit leicht dadurch annullieren, daß man nicht nur ein akustisches Zeichen („Null"), sondern zusätzlich ein optisches Handzeichen vorher abspricht. Während die Handbewegung nämlich durchgeführt wird, kann der Zeitnehmer bereits deren Endpunkt, der dem Null-Ruf entspricht, vorhersehen und somit rechtzeitig und ohne Zeitverzögerung reagieren. Eine solche vorausschauende Reaktion ist immer möglich, wenn ein Ablauf sichtbar ist. Der bloße Null-Ruf ist demgegenüber ein punktuelles Ereignis, auf das nur mit der Verzögerung der Reaktionszeit und damit erst nach dem eigentlichen „Null"-Durchgang reagiert werden kann.

Schwierig wird das Reagieren erst beim Steuern des Schiffes. Je nach Gewicht, Lateralplan, Geschwindigkeit, Art des Antriebs und Art des Ruders besitzt jedes Schiff seine eigenen, ganz besonderen Manövriereigenschaften. Da Schiffe sich in einem Medium mit geringer Reibung – dem Wasser – bewegen, wird jede Steuerbewegung nur sehr gedämpft und damit verzögert übertragen. Um daher ein Schiff rechtzeitig auf Kurs zu bringen, ist eine vorhersehende Reaktion notwendig, die die Manövriereigenschaften berücksichtigt. Bei einem Hafenmanöver etwa wird ein falsches Ruderkommando erst nach Ablauf einer gewissen Zeit erkannt, und die Korrektur des Fehlers wird sich erst nach einer weiteren Zeitverzögerung umsetzen. Inzwischen kann es aber bereits zu einer Kollision gekommen sein. Richtiges Steuern, bei dem das Manövrierverhalten des Schiffes und zusätzliche Faktoren, wie Wind und Strom, vorausgedacht werden, ist eine Kunst, die erst erlernt werden muß. Anfänger berücksichtigen in der Regel nicht die auf dem Kompaß ablesbaren Drehbewegungen des

Schiffes und reagieren nach einer Kurskorrektur erst, wenn das Schiff nach der anderen Seite erneut aus dem Kurs gelaufen ist. Dadurch entsteht ein „Schlangenlinienkurs", der natürlich insgesamt die Fahrt erheblich vermindert.

Die Abb. 38 zeigt einige mögliche Verhaltensweisen von Rudergängern:

a) zeigt verzögertes Verhalten: Der Rudergänger reagiert mit einer zu geringen Ruderlage mit der Folge, daß sich die Kiellinie des Schiffes nur sehr langsam dem vorgegebenen KpK annähert;

b) zeigt optimales Verhalten: Der Rudergänger reagiert mit einer deutlichen Ruderlage, die rechtzeitig zurückgenommen wird, so daß das Schiff relativ schnell wieder auf Kurs gebracht wird, aber nicht über diesen hinwegschwingt;

c) zeigt eine gedämpfte Schwingung: Nach einer Ruderkorrektur schießt das Schiff zunächst über den vorgegebenen Kurs hinaus und wird durch Gegenruderlage wieder zum Zurückschwingen gezwungen; auch hier kann es noch einmal zu einem leichten Überschwingen kommen, bis sich der Kurs des Schiffes auf den vorgegebenen KpK eingeregelt hat;

d) zeigt das typische Verhalten des Anfängers, nämlich eine ungedämpfte Schwingung: Die Kiellinie des Schiffes bewegt sich in mehr oder weniger gleich großen Schwingungen um den Kompaßkurs. Dabei kommt das Schiff nie zur Ruhe, und die Ruderlager werden durch die dauernden Kurskorrekturen stark beansprucht. Ein solches Verhalten des Rudergängers ist typisch dafür, daß die verzögerten Schiffsbewegungen nicht vorausgedacht werden.

Es ist interessant und beruhigend zu wissen, daß sich das Reaktionsverhalten von Seeleuten — gemessen an Genauigkeit und Geschwindigkeit der Reaktion — bei schwerem Wetter verbessert; und dies ist der Fall trotz zunehmenden Schlafmangels. Wir profitieren davon, daß es sich zu allen Zeiten für das Überleben des Menschen als günstig erwiesen hat, daß die Daueraufmerksamkeit in schwierigen und existenzgefährdenden Situationen erhöht ist.

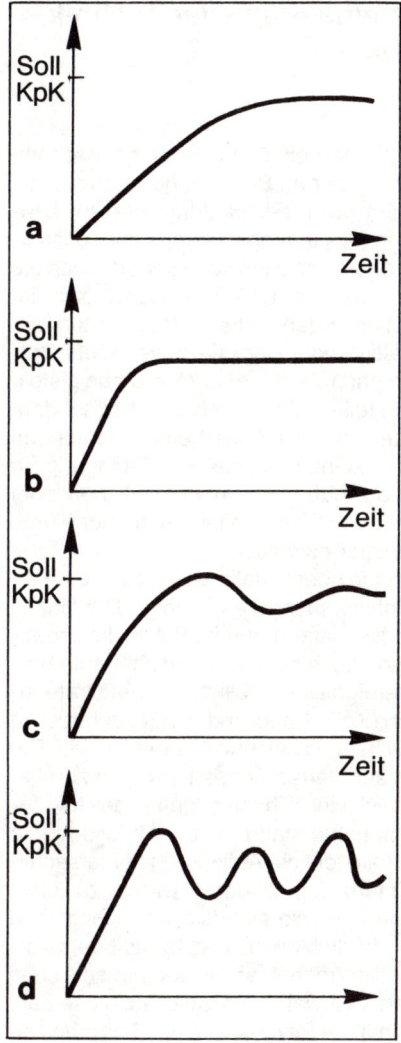

Abb. 38 Das unterschiedliche Steuer-verhalten verschiedener Rudergänger — regeltechnisch dargestellt (siehe Text).

101

Sicherheit auf See — nicht nur eine Frage der Technik, sondern auch des Bewußtseins

Wenn im Verein oder im Yachthafen von Sicherheit die Rede ist, so erschöpft sich das Gespräch leicht in einer Aufzählung der an Bord befindlichen sicherheitsrelevanten technischen Einrichtungen: Zahl der Rettungswesten, Lifebelts, Seenotsignalmittel, Lenzeinrichtungen, Rettungsinseln, Feuerlöscher, Anker, Notsteuereinrichtungen und was sonst noch alles dazu gehört. Auch die Sicherheitsrichtlinien der Kreuzer-Abteilung des DSV begnügen sich im wesentlichen mit einer Aufzählung der notwendigen Sicherheitseinrichtungen. Es ist aber leicht einzusehen, daß sorgfältig in der Backskiste verstaute Rettungswesten oder die im tiefsten Schapp unter Deck versteckte Signalpistole per se noch keinen Sicherheitsfaktor darstellen. Es braucht nicht besonders betont zu werden, daß das pure Vorhandensein von Sicherheitsvorrichtungen nicht mehr als eine notwendige, aber noch keine hinreichende Bedingung für Sicherheit an Bord ist. Was hinzukommen muß, sind im wesentlichen zwei Dinge: regelmäßige Übung im Umgang mit den Sicherheitsvorrichtungen und, was hier thematisiert werden soll, *Sicherheitsbewußtsein.*

Eine vor kurzem durchgeführte Untersuchung über Unfälle an Bord hat eine erstaunliche statistische Verteilung von Unfallsursachen aufgezeigt. Die Untersuchung wurde zwar im Bereich der Berufsschiffahrt durchgeführt, die Ergebnisse lassen sich aber in der Grundtendenz auch auf die Sportschiffahrt übertragen. Bei 14 % der Unfälle sind Naturereignisse beteiligt; die Unfallrate infolge von außergewöhnlichen Ereignissen (Kollision, Brand, Schiffsuntergang) liegt bei 1 %. Technische Mängel sind die Ursache bei rund 4 % der Unfälle. Die restlichen etwa 80 % der Unfälle werden auf *menschliches Versagen* zurückgeführt. Die letzte genannte Zahl ist sicherlich viel zu hoch gegriffen aus folgenden Gründen: Zum einen spielt bei der Berichterstattung über Unfälle häufig eine gewisse „Versicherungslogik" eine Rolle, die die Aufklärung der tatsächlichen Unfallursache nicht gerade erleichtert; zum anderen wird allzu leicht menschliches Versagen dort angenommen, wo die eigentlichen technischen Unfallursachen nicht erkennbar werden, da die Ausrüstung formell den Vorschriften entspricht. Selbst wenn wir aber die Prozentzahl, in der menschliches Versagen als Unfallursache angenommen wird, halbieren, so bleibt diese Zahl so bedeutsam, daß es notwendig ist, sich mit der Psychologie der Sicherheit an

Bord näher zu befassen. Da wissenschaftliche Untersuchungen hier noch sehr in den Anfängen stecken, müssen wir uns in diesem Abschnitt auf wenige Aspekte beschränken.

Mangelndes Sicherheitsbewußtsein und damit unfallträchtiges Verhalten an Bord ist häufig auf *irrationale Abwehrreaktionen* zurückzuführen. Crewmitglieder halten es für einen Ausdruck von Ängstlichkeit, wenn sie ihre Lifeline einpikken. Das „Übersehen" dieser Sicherheitsmaßnahme wird dagegen fälschlicherweise für ein Zeichen von Mut und Draufgängertum gehalten. Oft sind es gedankenlose Skipper, die solches Verhalten geradezu provozieren: Man kann nicht selten beobachten, daß ein Skipper, der gerade seine Crew angewiesen hat, Rettungswesten und Lifebelts anzulegen, dieser Aufforderung selbst nicht Folge leistet und vielleicht sogar, kurzentschlossen und unerschrocken, ungesichert in die Takelage steigt, um ein vertörntes Fall zu klarieren. Dieser Skipper muß sich nicht wundern, wenn andere Crewmitglieder bei nächster Gelegenheit ebenfalls durch solche tollkühnen Taten zu glänzen versuchen. In der Psychologie bezeichnet man den geschilderten Vorgang als „Lernen am Modell". Der Skipper als anerkannte, mutige Persönlichkeit wird besonders leicht nachgeahmt mit dem Ziel, ähnliche Anerkennung zu erfahren.

Ein weiterer sicherheitsrelevanter Aspekt ist die *Gewohnheitsbildung.* Man könnte sagen: Schlechte Angewohnheiten sind der Feind der Sicherheit. Wer es sich nicht zur Gewohnheit gemacht hat, bei achterlichem Wind grundsätzlich das Niedergangsluk dicht zu machen, dessen Schiff wird auch mit Wahrscheinlichkeit dann im ungesicherten Zustand sein, wenn wirklich einmal unerwartet eine Hecksee einsteigt. Es ist ein statistisches Kennzeichen von Unfällen, daß sie *selten* und *unerwartet* eintreten. Man kann sich vor ihnen nur schützen, wenn Sicherheitsvorkehrungen grundsätzlich immer, wenn es die Lage erfordert, getroffen werden. Die Selbstverständlichkeit, mit der dies geschieht, ist die Basis jeden Sicherheitsbewußtseins.

Eine Reihe von kleineren und größeren Unfällen an Bord beruhen auf einer *Fehleinschätzung der Kräfte,* die auf Teile der Takelage wirken. Unerfahrene Segler haben meist keine Vorstellung, welche Kräfte auf ein 50-m²-Segel tatsächlich wirken, wenn sie etwa ungesichert eine Schot loswerfen. Noch schwieriger, auch für erfahrene Segler, ist die Einschätzung der Kräfte, die auf das gesamte Rigg einwirken. Das einmalige verfrühte Loswerfen eines Backstags kann hier bereits fatale Folgen haben. Das Problem bei komplizierteren Riggs liegt darin, daß sich die tatsächlich einwirkenden Kräfte nicht anschaulich darstellen. Hier hilft nur physikalisches Wissen und, wie immer, Erfahrung.

Ähnlich schwierig ist das Einschätzen der Massenträgheit beim Manövrieren größerer Schiffe.

Einen sehr wichtigen, bisher viel zu wenig beachteten Faktor der Sicherheit an Bord möchte ich als die *„verborgene Vernunft"* der Einrichtungen bezeichnen. Gelegentlich wird in einer Streßsituation, in der schnell und richtig reagiert werden muß, der richtige Handgriff nur deshalb nicht getan, weil er sich von der technischen Anordnung her „nicht anbietet". Die mangelnde optische und den richtigen Handgriff geradezu provozierende Hervorhebung des Abschalthebels für den Dieselmotor mag als ein Beispiel dafür stehen. Fehler entstehen auch, wenn man Schließhebeln, Ventilen etc. nicht unmittelbar ansieht, ob sie auf „offen" oder „geschlossen" stehen.

Es gehört auch zur verborgenen Vernunft von Sicherheitseinrichtungen, daß sie auf Bequemlichkeit ihrer Benutzer eingerichtet sein müssen. Die Handhabung sollte daher immer so einfach wie eben möglich sein. Einen interessanten Test in dieser Hinsicht kann jeder bei Crews machen, die mit unterschiedlichen Rettungswesten ausgerüstet sind: Man beachte, zu welchen Zeitpunkten Feststoffwesten und Automatik-Westen an- bzw. abgelegt werden. Es zeigt sich meiner Erfahrung nach durchgängig, daß Automatik-Westen eher angelegt und später wieder abgelegt werden; Feststoffwesten werden zudem häufiger zwischendurch geöffnet oder abgelegt, da sie bei bestimmten Tätigkeiten als sehr störend empfunden werden; hierzu gehört besonders auch das außenbords Urinieren bei stärkerem Wind und Seegang. Gerade diese Situation hat schon viele Mann-über-Bord-Manöver zur Folge gehabt. Die Tatsache, daß Automatik-Westen erheblich bequemer sind, führt also dazu, daß sie auch öfter angelegt werden und gerade auch in kritischen Situationen angelegt bleiben. Mit den teureren Automatik-Westen kauft man also − psychologisch gesehen − auch ein großes Stück mehr Sicherheit. Die schlechten Umgangsqualitäten der herkömmlichen Feststoffwesten lohnen das Sparen nicht. Das Sicherheitsbewußtsein ist also abhängig von der verborgenen Vernunft in den Sicherheitseinrichtungen.

Es sei abschließend noch erwähnt, daß die Voraussetzung für eine wirksame Entwicklung von Sicherheitsmaßnahmen, die menschliches Versagen vermindern können, eine genaue Dokumentation aller Unfälle, gerade auch der sogenannten „Beinahe-Unfälle", voraussetzt.

Leider findet man in den meisten Logbüchern nur wenig verwertbare Angaben über Unfälle. Dies liegt einerseits an der schon erwähnten „Versicherungslogik" und zum anderen daran, daß die Wichtigkeit von „Beinahe-Unfällen" zur

Prävention von tatsächlichen Unfällen bisher kaum erkannt und schon gar nicht systematisch genutzt wurde.

Die Entwicklung von Sicherheitsbewußtsein ist also nicht durch die obligatorische Sicherheitseinweisung zu Beginn eines Törns erledigt. Sicherheitsbewußtsein an Bord ist eine Daueraufgabe für den Skipper, die Crew und nicht zuletzt für die Designer von Schiffszubehör.

Die Crew als Gruppe — zur Sozial-psychologie auf kleinen Schiffen

Die psychologische Situation an Bord

Wenn man gelegentlich großaufgemachte Zeitschriftenartikel mit Überschriften wie „Mitseglerinnen töteten Skipper" oder „Meuterei auf Segelyacht endete mit zwei Morden" liest, stellt man sich die Frage, wie es möglich ist, daß es in einem Freizeitsportbereich zu solchen existentiellen Äußerungen der menschlichen Natur kommt. Warum passiert so etwas nicht beim Motorradfahren oder beim Eistanzen? Was ist das Besondere der Situation an Bord eines Segelschiffes auf einem Langzeittörn?

Psychologisch gesehen ist die Situation auf einem Sportschiff fernab der Küsten folgendermaßen zu beschreiben: Der Sportsegler befindet sich für längere Zeit in außerordentlich *beengten Verhältnissen,* ohne Rückzugsmöglichkeit und ohne Ausbruchsmöglichkeit, in einer Gruppensituation, die eine festetablierte formelle Struktur besitzt, die mit der psychologischen Struktur nicht identisch sein muß.

Die Situation an Bord unterscheidet sich in mancher Hinsicht auch grundsätzlich nicht von der Situation in einem Gefängnis oder in einem Kloster. Soziologen haben solche Lebensbedingungen als *„totale Institution"* beschrieben. In totalen Institutionen werden alle Mitglieder vollständig durch die Institution beansprucht. Es gibt keine Trennung der sonst üblichen Lebensbereiche Arbeit, Freizeit und Schlaf. Alle Tätigkeiten werden im gleichen Lebensraum, mit dem gleichen Ziel und unter derselben einzigen Autorität, dem Schiffsführer, durchgeführt. Die Kommunikationsmöglichkeiten sind auf die übrigen Crewmitglieder und, wenn man vom Sprechfunk absieht, nur auf diese beschränkt. Alle Phasen eines Tages und alle Rollen an Bord sind relativ festgelegt (Wacheinteilung, Sicherheitsrollen etc.). Sicherlich treffen diese Charakteristika in erster Linie auf Kriegsmarinen, in zweiter Linie auf die Berufsseefahrt und nur in geringerem Maße auf die Sportschiffahrt zu, aber auch hier muß mit den psychologischen Auswirkungen einer totalen Institution gerechnet werden.

Von den äußeren, natürlichen Bedingungen her befindet sich der Sportschiffer in einer *existentiellen Situation,* das heißt, alle seine Tätigkeiten hängen unmittelbar mit seinem Überleben zusammen. Daraus ergibt sich die besondere „Tätigkeitsorientierung" an Bord von Schiffen. Im Gegensatz zum übrigen Leben zählt hier wenig, was ein Crewmitglied redet, sondern es zählt im wesentlichen, was es tut und was es kann. Bei viel befahrenen Seeleuten bilden sich dabei besondere, für diese soziale und existentielle Situation sinnvolle Persönlichkeitseigenschaften heraus wie etwa Wortkargheit, Überlegtheit, Ausgeglichenheit und − im positiven Sinne dieses Wortes − Langsamkeit. Die psychologische Struktur der Umweltsituation an Bord, die soziale Struktur der Gruppe und die Persönlichkeitsstruktur ihrer Mitglieder stehen in einem dynamischen Entwicklungsverhältnis miteinander. Es entsteht mit der Zeit eine gewisse Harmonie zwischen diesen Bedingungen. Disharmonisch sind demgegenüber die Bedingungen, die der Sportsegler nach dem Törn an Land vorfindet und die ihn monatelang bis zu seinem nächsten Törn prägen: Leistungsorientiertheit, Streß, schnelle Reaktionsfähigkeit, Rollenwechsel und Verhaltenswechsel in unterschiedlichen Gruppen, raum-zeitliche Flexibilität, Sprachorientiertheit, Zeitdruck etc. sind nur einige Stichworte, die zeigen können, daß hier zwei Welten gegeneinander stehen. Wir wachsen als Kinder in der Regel in eine Welt an Land hinein − wenn wir auf See gehen, werden wir ein zweitesmal sozialisiert. Der Wechsel zwischen dem Leben an Land und auf See bringt besondere Probleme mit sich, die hier angesprochen werden sollen. Einiges davon wird vielleicht anschaulich, wenn wir im folgenden ein Beispiel analysieren, das die Sportsegler 1982/1983 in Atem gehalten hat:

Der „Apollonia"-Fall

Im Sommer 1981 trafen sich zwei Männer in Pasito Blanco auf Gran Canaria: Herbert Klein, Speditionskaufmann aus Krefeld, der aus seiner bürgerlichen Existenz „ausgestiegen ist", um in der Karibik im Yacht-Chartergeschäft ein neues Leben aufzubauen. Dazu hat er das ehemalige Flaggschiff der Bremer Segelkameradschaft „Wappen von Bremen" erworben, mit welchem er nach Instandsetzungsarbeiten und Umbauten unter dem Namen „Apollonia" von der Wesermündung aus in See gestochen ist. Der andere ist Paul Termann, in der DDR aufgewachsen, gelernter Elektriker, nach der Übersiedlung in die Bundesrepublik Deutschland Hubschrauberpilot bei der Bundeswehr, später Oberlokführer bei der Bundesbahn. Er hat seine gesamten Ersparnisse dafür investiert, zusammen mit seiner Freundin Dorothea eine Weltumseglung zu machen.

Klein hat wenig Segelerfahrung, er besitzt den A-Schein; für die Strecke bis Gran Canaria hatte er neben anderen Crewmitgliedern einen Skipper angeheuert, den er mitsamt den anderen hier von Bord geschickt hat. Einige halbherzige Versuche, die Anfangsgründe der Navigation zu erlernen, hat Klein auf dieser ersten Etappe unternommen. Termann ist Segler seit seinem 10. Lebensjahr, er besitzt alle Scheine und war die erste Etappe auf einem anderen Schiff als Navigator gefahren. Hier in Gran Canaria wurde sein Traum von der Weltumseglung jäh unterbrochen, als er und seine Freundin vom Kapitän der Yacht „Orion" entlassen wurden, ohne daß ihr finanzieller Einsatz ausbezahlt wurde.

Die Persönlichkeiten Kleins und Termanns waren, bedingt durch ihre unterschiedliche Lebensgeschichte, denkbar verschieden. Klein galt als angenehmer Mensch, war sympathisch und immer zu Scherzen aufgelegt, sorglos, oberflächlich, unselbständig, auf den Zuspruch anderer angewiesen; gleichzeitig war er selbstüberschätzend und ängstlich. Diese Charakterisierung entspricht auch seiner permanenten Urlaubsstimmung, in der er sich als „Aussteiger" befand. Termann wird demgegenüber in diversen Beurteilungen bescheinigt, daß er ernst, verschlossen, korrekt, strebsam, willig, fleißig und hilfsbereit sei, geradezu preußische Charaktereigenschaften, die gelegentlich in eine an Pedanterie grenzende Penetranz einmünden.

Nachdem sich die Weltlinien von Klein und Termann in Gran Canaria gekreuzt haben, schließen beide Freundschaft, da sie erkennen, daß einer den anderen benötigt: Klein hat ein Schiff und keine Erfahrung, Termann kann navigieren, hat aber kein Schiff. Zu ihnen gesellen sich noch zwei weitere, über eine Zeitungsanzeige gefundene Crewmitglieder, Michael und Dieter, so daß die Sechsercrew zunächst einmal aus den drei Zweiergruppen Klein und Freundin Gabriele, Termann und Freundin Dorothea sowie Michael und Dieter besteht. Die Mitglieder der drei Gruppen waren vorher nicht miteinander bekannt. So werden die Leinen losgeworfen, um St. Vincent über den Atlantik anzusteuern.

Die *Rollenverteilung* an Bord ist alles andere als klar und eindeutig. Klein als der Schiffseigner beansprucht mehr oder weniger halbherzig auch die Rolle des Schiffsführers. Noch an Land hat er gesagt, daß er eigentlich keinen Wert darauf lege. Termann, der als einziger an Bord die Qualifikation zum Schiffsführer besitzt und dem als erfahrendstem Segler diese Rolle zugestanden hätte,

akzeptiert zunächst die Schiffsführerrolle Kleins, da er auf die Durchsetzungs-
kraft seiner fachlichen Autorität, seiner navigatorischen und technisch-hand-
werklichen Fähigkeiten vertraut. Weitere Rollenverteilungen finden nicht statt.
Allerdings gerät diese labile Hierarchie an Bord im Verlauf des Törns in Bewegung. Klein beginnt mehr und mehr „den Kapitän herauszukehren", während
Termann seine Kritik an den Entscheidungen bzw. an der Nachlässigkeit des
Schiffsführers immer deutlicher äußert. Termann besteht auf der peinlich ge-
nauen Einhaltung der seemannschaftlichen Gepflogenheiten und der üblichen
Sicherheitsmaßnahmen. Klein nimmt es hiermit überhaupt nicht sehr genau,
denn man ist ja schließlich „nicht auf der ‚Gorch Fock'". Termann wird nur als
Feigling verspottet, wenn er sich aus Sicherheitsgründen dagegen wendet, daß
die Crew in voller Fahrt unter Passatsegeln badet, indem man vorne ins Wasser
springt und sich über achtern ausgebrachte Leinen wieder hereinzieht. Klein
und die übrige Crew ärgern Termann ganz bewußt damit, daß sie gegen seinen
Rat laufendes Gut immer wieder mit Kopfschlägen belegen.
Aber nicht nur die seemännische Hierarchie geriet auf diesem Törn in Bewegung, es hatte sich auch inzwischen in der zusammengewürfelten Crew eine
Gruppenstruktur herausgebildet. Klein, seine Freundin sowie Michael und Dieter bildeten eine Untergruppe, sie sprachen viel zusammen, sie hatten die
gleiche Einstellung zum Segeln und hielten die Atlantiküberquerung für einen
Urlaubstörn, und sie setzten sich gegenüber den anderen beiden Crewmitgliedern, Termann und seiner Freundin, ab, indem sie sich über sie lustig machten.
Keine der beiden Untergruppen kam ohne die andere aus, keine Gruppe konn-
te sich von der anderen völlig zurückziehen, es gab Spannungen zwischen den
Gruppen, die sich an Kleinigkeiten entzündeten und im Verlauf des Törns immer mehr aufschaukelten. Unbedeutende Einzelheiten wurden als Angriff
wahrgenommen. Was an Land das Naheliegendste gewesen wäre, sich aus
dem Wege zu gehen, war hier nicht möglich. Termann, für den gute Seemann-
schaft und Sicherheit an Bord oberstes Gebot waren, wurde laufend von Klein
vor allen anderen gedemütigt. Das soziale Klima an Bord wurde immer
schlechter, die Spannungen steigerten sich bis in Unerträgliche. Die „mächti-
gere" Gruppe um Klein feierte das „Bergfest", die Überwindung der halben
Strecke über den Atlantik, mit einer Flasche Sekt, ohne Termann und seine
Freundin daran zu beteiligen. Die Crew war vollends auseinandergebrochen,
auch ein dreitägiger Sturm vermochte sie nicht mehr zusammenzuschweißen.
Es gab keine gemeinsame Sache mehr, kein gemeinsames Ziel, keine Normen
und keine für alle verbindliche Hierarchie.

Die Frustrationen, die Termann seit Beginn des Törns, ja sogar schon vorher auf der „Orion" hat erdulden müssen, haben ihn in eine psychische Verfassung gebracht, wo sie sich unter den gegebenen Bedingungen, da es keine Möglichkeit gab, sich aus dem Weg zu gehen, nur noch in völliger Selbstaufgabe oder äußerster Aggression äußern können.

Ein unter normalen Umständigen nichtiger Anlaß entzündet das Pulverfaß: Dorothea bereitet bei Wachantritt morgens um 0800 Uhr für sich und Termann das Frühstück, ohne für die gesamte Crew das Geschirr abzuwaschen. Klein ist erbost darüber, und es kommt zum heftigen Wortwechsel, in dessen Verlauf Termann ankündigt, die Schiffsführung zu übernehmen und droht, Klein und seine Freundin zu erschießen. Es gibt zwei Waffen an Bord. Termann und Klein besitzen eine. Termann zwingt Klein mit vorgehaltenem Revolver, ihm seine Waffe abzuliefern und verlangt von ihm ein Zeugnis. Diese Provokation in diesem Augenblick kann Klein nur mit einem kühlen Lächeln beantworten. Nun übernimmt Termann das Kommando − nach den traditionellen Gesetzen der Seefahrt der Tatbestand der Meuterei. Klein und die anderen seiner Gruppe haben bis hierher den Ernst der Lage noch nicht erkannt. Sie werden erst jetzt gewahr, in welcher Gefahr sie schweben. Dies ist ein deutliches Zeichen dafür, daß sich die Aggression Termanns aus einer Unmenge kleinster, jede für sich genommen unbedeutender Frustrationen aufsummiert hat, die von den anderen nicht als bedeutsam angesehen wurden. Termann ist mit der Waffe jetzt der mächtige Mann an Bord. Es gibt für ihn, besonders auch im Hinblick auf seine Freundin, kein Zurück mehr. Für die Vierergruppe gibt es keine Ausweichmöglichkeit. Die sozialpsychologische Situation ist zum Zerreißen gespannt, sie wird von den Überlebenden später als „Psychoterror" beschrieben. Termann kann nun ganz gelassen seine Todesdrohung an den Schiffseigner und dessen Freundin formulieren: „Ihr habt noch 10 Minuten Zeit. Ich muß vorher noch die Sonne schießen. Heute, der 13. Dezember, ist euer Unglückstag."

Die Angst hat sich an Bord ausgebreitet, Irrationalität greift um sich. Klein bietet an, sich und seine Freundin selbst zu erschießen. Termann demütigt ihn dadurch, daß er ihm Gelegenheit dazu gibt. Klein muß zugeben, daß er es nicht kann. Klein und seiner Freundin ist nun erst die Ausweglosigkeit der Lage vollends deutlich. Gabriele bettelt vor Termann kniend um beider Leben. Bei einem kurz darauf stattfindenden Segelmanöver versucht Klein auf dem Vorschiff seine Gruppe zum Handeln zu überreden. Termann soll überwältigt werden. Klein nimmt einen eisernen Pumpenschwengel und schlägt Termann, der am Navigationstisch sitzt, von hinten über den Kopf. Termann reagiert in blinder

Wut und schießt auf Michael und Gabriele. Kleins Freundin wird getötet. Dorothea weist ihren von den Schlägen auf den Kopf blutüberströmten Freund Termann auf Klein hin. Diesen trifft der dritte Schuß. Ebenfalls tödlich. Damit hat die Aggressionsabfuhr Termanns ihr Ende gefunden. Die Leichen gehen über Bord, Termann schreibt über das ganze einen „Unfall"-Bericht, Michael und Dieter werden „lediglich" bedroht, daß er sie umbringen lassen würde, wenn sie die Wahrheit über die Vorfälle erzählen würden – eine vergleichsweise „schwache" Reaktion, wenn man Termann den Plan unterstellen will, daß er und seine Freundin vorhatten, sich die „Apollonia" anzueignen.

Alles weitere war Sache des Gerichtes und ist in den Prozeßberichten nachzulesen. Termann wurde wegen Mordes zu einer lebenslangen Haftstrafe rechtskräftig verurteilt. Seine Freundin erhielt wegen Beihilfe zum Mord eine dreijährige Gefängnisstrafe. Es war nicht nur die Ansicht des Gerichtes, daß all dies an Land nie geschehen wäre.

Sozialpsychologisch gesehen lassen sich aus dem geschilderten Vorfall einige Problembereiche ausgliedern, die nicht nur bei Atlantiküberquerungen, sondern auch bei kleineren Törns die psychologische Situation an Bord bestimmen:

Enge und Isoliertheit an Bord, die gruppendynamische Situation, Führungsrolle und Führungsstil sowie die Ursachen von Angst und Aggression.

Soziale Dichte – Probleme des Lebensraumes an Bord

Wenn das „Apollonia"-Drama sich an Land niemals hätte so abspielen können, welches sind dann die spezifischen Bedingungen, die an Bord eines (Sport-Schiffes auftreten können (aber selbstverständlich nicht zwangsläufig auftreten müssen)? Zunächst einmal ist die *soziale Dichte* an Bord von Yachten außerordentlich hoch – oft leben 6 bis 8 Crewmitglieder für längere Zeit auf 10 bis 20 m^2 Grundfläche zusammen. Dies entspricht einem durchschnittlichen Lebensraum von 2 bis 3 m^2 pro Person.

Eine ähnliche soziale Dichte findet man sonst nur in überfüllten Gefängnissen. Dem steht entgegen, daß jeder Mensch einen bestimmten *persönlichen Freiraum* benötigt, einen privaten Zuständigkeitsbereich und die Möglichkeit, sich von anderen zurückzuziehen.

111

Schon im Tierreich beobachten wir, daß Vögel sich nicht in beliebiger Weise auf Telegraphendrähte verteilen, sondern daß sie sich in fast abgezirkelt gleichmäßigen Abständen auf das Territorium verteilen. Die Vögel wahren eine *minimale soziale Distanz* zum nächsten Nachbarn, die dadurch aufrechterhalten wird, daß, wenn sich ein weiterer Vogel dazwischensetzt, ein anderer zwangsläufig seinen Platz verlassen wird, und das System sich wieder auf gleichmäßige Abstände einreguliert. Auch Menschen haben solch ein Bedürfnis, Minimalabstände zu anderen einzuhalten. Da gibt es zunächst einmal die *persönliche Pufferzone* um den eigenen Körper herum. Die Ausdehnung dieser Pufferzone, über deren Grenzen hinweg sich kein Mensch freiwillig einer anderen Person nähert, ist natürlich abhängig vom Geschlecht, dem Bekanntheitsgrad der anderen Person und der Art der Situation überhaupt. Ein Eindringen in die persönliche Pufferzone wird ja in bestimmten Situationen, beim Warten in größeren Menschenpulks, in Kinos o. ä., durchaus kurzzeitig toleriert. Aber schon wenn man beobachtet, wie etwa Tische in Restaurants, Bibliotheken etc. nach und nach besetzt werden, so zeigt sich deutlich, daß immer die unter den gegebenen Bedingungen größtmögliche soziale Distanz gewählt wird. Als ideale Distanz zu anderen Menschen wird eine Entfernung von 1,20 m bis 1,50 m angesehen. Diese Distanz vermindert sich natürlich mit der durch gemeinsame Aufgaben gegebenen Notwendigkeit, enger zusammenzurücken. Auf Yachten werden die angegebenen Werte sozialer Distanz, insbesondere die Körperpufferzone, aufgrund der gegebenen räumlichen Bedingungen laufend unterschritten. Ein Eindringen des anderen in den persönlichen Raum muß unter Umständen auf lange Dauer hingenommen werden.

Ein weiterer Aspekt, der mit der räumlichen Enge an Bord zu tun hat, ist, daß jeder Mensch das Bedürfnis hat, einen räumlichen und zeitlichen Bereich der *Privatheit* zu definieren. Es muß also für jedes Crewmitglied an Bord einen Ort geben, der diese Privatheit garantiert und an den sich ein Crewmitglied entsprechend seinen persönlichen Bedürfnissen zeitweise zurückziehen kann. Am besten eignet sich hierzu natürlich die Koje. Hieraus ergibt sich aber auch, daß bei längeren Törns darauf geachtet werden muß, daß jedes Crewmitglied auch seine Koje hat und daß keine Notkojen, die tagsüber zur Salonsitzbank umfunktioniert werden, vergeben werden sollten. Es ist wichtig, daß der private Bereich eines jeden Crewmitgliedes von allen anderen Crewmitgliedern respektiert wird, damit der Charakter des Privaten erhalten bleiben kann. Durch die Zahl der festen Kojen ist auf jeden Fall für Langzeittörns – und ein Langzeittörn beginnt bereits, wenn über eine Woche lang nicht in einem Hafen festgemacht wird — eine absolut obere Grenze der Besatzung gegeben. Unter dem Aspekt der Privatheit erhalten Ausschnitte des an Bord begrenzten Raumes für den einzelnen geradezu symbolische Bedeutung. Ein kleines Schapp an irgendeiner Stelle, in dem einige private Utensilien aufbewahrt werden können, ist für die meisten Crewmitglieder ein dankbar akzeptiertes Angebot.

Über die minimale räumliche Distanz hinaus, die die Nähe anderer Menschen gerade erträglich sein läßt, gibt es an Bord — wie im alltäglichen Leben auch — noch einen weiteren Aspekt des psychologischen Raums, dessen verhaltenssteuernde Wirkung wir auch schon bei der Beobachtung von Tieren studieren können: die *Territorialität*. Viele Tierarten haben die angeborene Tendenz, innerhalb ihres Lebensraumes ein bestimmtes Gebiet zu definieren, in das kein anderer Artgenosse (bis auf den Geschlechtspartner) eindringen darf. An den Grenzen eines solchen Gebietes können auf verschiedene Weisen Marken gesetzt werden, bei deren Überschreitung durch einen Artgenossen mit aggressivem Verhalten geantwortet wird. Für Tiere hat dieses Territorialverhalten häufig die Funktion, sich in ausreichendem Maße Nahrungsquellen zu sichern.

Das Territorialverhalten, das auch bei Menschen auftritt, hat diese Funktion nur noch in den seltensten Fällen. Bei den Menschen werden auf diese Art und Weise Macht und Einflußbereiche oder zumindest Zuständigkeitsbereiche definiert. Es ist bekannt, daß Menschen, je nach ihrer Stellung in der Hierarchie, ein unterschiedlich großes Territorium für sich beanspruchen. So ist es auch an Bord. Nach alter Tradition hat der Schiffsführer an Bord eine Kajüte für sich, wenn es eine solche einzelne Kajüte überhaupt gibt. Dies wird in der Regel, unabhängig von seinen tatsächlichen Bedürfnissen, als gegeben angesehen. Andere Crewmitglieder suchen ihr Territorium auf andere Art und Weise abzustecken. Zuständigkeitsbereiche für die Kombüse, das Vorschiff, die Segelsäcke, das Ankergeschirr, die Funkanlage oder ähnliches werden von einzelnen mehr oder weniger ausgesprochen beansprucht. Solches Territorialverhalten scheint für uns Menschen irrational zu sein, wenn es auch, wie erwähnt, seine tiefen Wurzeln in unserer Stammesgeschichte hat. Es ist in der Regel Ausdruck ungeklärter oder unverarbeiteter Macht- und Autoritätsverhältnisse an Bord.

Territorialverhalten kann im Einzelfall in den verschiedensten Ausdrucksformen auftreten. Es kann sein, daß ein Crewmitglied sich bereits in seinem Territorium beeinträchtigt fühlt, wenn ein anderer eine Aufgabe übernimmt, für die sich das Crewmitglied bisher zuständig gefühlt hat. Die Reaktionsweise auf solche „Übergriffe" ist allemal Aggressivität — allerdings je nach den Dominanz-

bzw. Stärkeverhältnissen in offener oder verdeckter Form. Im Grenzfall kann eine Wut eben auch heruntergefressen werden. Als Territorialverhalten wird es auch einem Skipper ausgelegt, wenn er immerzu die Navigation seiner Wachführer überprüft. Hier überschneiden sich beispielsweise die Territorien der verschiedenen Rollenträger an Bord. Die Wachführer sind für die Zeit ihrer Wache für die Navigation zuständig, der Schiffsführer ist aber allemal darüber hinaus verantwortlich auch für das, was die Wachführer tun. Der Schiffsführer tut nun gut daran, die Navigation nur zu überprüfen, wenn es aus Sicherheitsgesichtspunkten heraus geboten erscheint und/oder dies möglichst unaufdringlich zu tun. Die Wachführer lernen sowieso am besten aus ihren eigenen Fehlern, das heißt, wenn sie die Fehler ihrer Navigation selbst entdeckt haben. Der Skipper sollte ihnen daher negative Rückmeldungen nur dann geben, wenn sie dies wünschen. Mit Lob wird er allemal in einem solchen Fall sparsam umgehen.

Territorialverhalten der beschriebenen Art schürt zwangsläufig Autoritätskonflikte und Kompetenzprobleme. Ein Skipper, der in allen seinen Handlungen wortlos immer gleichzeitig mit ausdrückt, wie fähig er selbst und wie unfähig die anderen sind, trägt dazu bei, die Unzufriedenheit an Bord langsam aber systematisch anzureichern. Wie es aufgrund solchen Verhaltens zu starken sozialpsychologischen Spannungen kommen kann, ist sehr eingehend in dem Reisebericht der „Walross III" beschrieben worden.

Territorialkonflikte sind oft Ausdruck anderer tiefer gehender sozialpsychologischer Konflikte, die mit den Gruppenstrukturen und den Machtansprüchen der einzelnen zusammenhängen. Daher geschieht es häufig, daß scheinbar nichtige Kleinigkeiten zum Ausgangspunkt für tiefgreifende Auseinandersetzungen werden, wie wir es im „Apollonia"-Fall gesehen haben.

Sehen wir von der psychologischen Feinstruktur des Lebensraumes an Bord noch einmal ab und gehen auf die allgemeinste Charakterisierung der Situation an Bord als Bereich erhöhter sozialer Dichte zurück. Auch hier zeigen uns Tierbeobachtungen, welche Reaktionen allein schon aufgrund der Tatsache auftreten, daß eine bestimmte kritische soziale Dichte (Individuen pro Raumeinheit) überschritten wird. Tiere, die man auf engstem Raum zusammen bringt, reagieren zunächst mit verstärkter Aggressivität, dann mit dem Rückzug aus sozialer Interaktion, abnormem Freßverhalten, gestörtem Paarungsverhalten und schließlich bei weiterer Steigerung der Dichte mit Passivität und Tod. Man bezeichnet diese Verhaltensauffälligkeiten bei sozialer Dichte als *Crowding*. Sie gehen fast immer mit starken Streß-Symptomen einher. Menschen sind

glücklicherweise weniger anfällig für solche Crowding-Verhaltensweisen, da sie sich an unterschiedliche Umweltsituationen sehr viel besser anpassen können als die meisten Tierarten. Allerdings kann auch der menschliche Organismus auf lange Zeit nicht dem Streß des Crowding ausgesetzt werden, ohne daß besondere Verhaltensweisen auftreten. Es beginnt häufig damit, daß man sich physisch unangenehm fühlt, wenn andere in den engeren sozialen Kontaktraum eindringen, wenn sich etwa zwei Crewmitglieder in der Navigationsecke über die eigene Schulter beugen, kann bereits ein sehr starkes subjektives Engegefühl auftreten. Aggressives Verhalten, „unmotivierte Ausbrüche", sind auch hier meistens die Folge. An Land würde beim Auftreten solcher Engegefühle ein Verlassen des Gebietes die normale Reaktion sein. An Bord ist aber nun dies gerade nicht möglich. Deshalb sind auftretende Symptome von Crowding — seien sie subjektiv spürbar oder objektiv am Verhalten ablesbar — an Bord sehr ernst zu nehmen und zum Gegenstand einer problemorientierten Gruppendiskussion zu machen, damit sich kein Aggressionspotential aufstaut, welches an Bord unabsehbare Folgen haben kann. Auch das Leben unter dauerhaften Streß-Bedingungen kann unerträglich werden. Der Crowding-Streß kann vermindert werden durch die folgenden Maßnahmen:
- klare Rollenverteilung und Hierarchie an Bord;
- klar strukturierte Interaktionsbedingungen (wer muß über was informiert werden, wer muß bei was gefragt werden?);
- gut funktionierende soziale Interaktion;
- Gruppenzusammenhalt;
- kooperative Einstellung und kooperative Tätigkeit;
- rationale Problemdiskussion statt emotionaler Reaktionen;
- durch die Erwartung, daß Crowding-Streß auftreten wird (allein das Wissen darum vermindert also bereits die Anfälligkeit);
- zeitweiliges Schließen von Schotten und Durchgängen, um Einzelnen oder Untergruppen die Möglichkeit zum Rückzug zu geben;
- sich selbst suggerieren, daß eine beengte Situation auch Vorteile hat, die man an Land ja häufig genug selbst aufsucht.

Dem sozialen Dichte-Phänomen des Crowding an Bord kann man auch bei der Törnplanung bereits vorbeugen, indem man
- die Zahl der Crewmitglieder nicht zu groß wählt, jeder muß eine feste Koje haben;
- sich und die übrigen Crewmitglieder bereits vorher an die soziale Enge gewöhnt bzw. besonders an den Gedanken daran gewöhnt;

— durch die Orientierung der Crew auf die bevorstehende gemeinsame Tätigkeit, wodurch das Erlebnis der sozialen Dichte in den Hintergrund treten kann.

Soziale Isolation auf See

Wie schon erwähnt kommt an Bord erschwerend zu der räumlichen Enge in der Regel die *Isolation* hinzu. Isolation, die verhindert, daß man aus dem Felde gehen kann, daß man sich ganz anderen Dingen zuwendet, daß man andere Sozialkontakte aufnimmt etc. Isolation kann, wenn sie als Gefühl übermächtig wird, ebenfalls für sich zu aggressivem Verhalten führen (unabhängig von der sozialen Enge). Auslösend ist hierbei wohl der Faktor, daß die Situation der Isolation vom einzelnen als nicht kontrollierbar erlebt wird — als Begrenzung der eigenen Aktionsmöglichkeiten, die nicht aus eigener Kraft überwunden werden kann. Es entsteht das Gefühl, daß das eigene Tun durch undurchdringliche Gefängnismauern begrenzt ist. Eine Folge hiervon kann neben erhöhter Aggressivität auch Depressivität sein, d. h. ein Crewmitglied wird in einer solchen Situation immer verschlossener, trübsinniger und damit verbunden antriebsschwächer und gleichgültiger. Beim Auftreten solcher Isolationsdepression ist es wichtig, das betreffende Crewmitglied stärker in die Bordaktivitäten miteinzubeziehen, ihm besondere, für die gesamte Crew lebenswichtige Aufgaben zu überlassen und dem Isolationsgefühl durch die damit verbundene Steigerung des Verantwortungsbewußtseins entgegenzuwirken.

Die soziale Isolation ist auf Yachten gewissermaßen die Kehrseite des Problems der sozialen Dichte. Sie ist natürlich besonders kraß bei Einzelgängern, seien es *Einhandsegler* oder seien es *Schiffbrüchige.* Ein gravierender Unterschied zwischen den beiden letztgenannten Gruppen ist allerdings, daß Einhandsegler größere Strecken in sozialer Isolation durch ein festes Vertrauen in ihre eigenen Fähigkeiten sehr viel besser verarbeiten als sozial isolierte Schiffbrüchige, die passiv dem Seegang und dem Wetter ausgeliefert sind. Während der Einhandsegler immer das Gefühl hat, sein Schiff unter Kontrolle zu haben und sein Ziel mit eigener Kraft zu erreichen, wird der Insasse der Rettungsinsel durch die Situation, in der er sich befindet, kontrolliert und ist hinsichtlich einer

Rettung weitgehend auf den Zufall angewiesen. Deshalb machen sich bei letzterem bereits nach kurzer Zeit der Isolation Verzweiflung und Hoffnungslosigkeit breit. Jede noch so aussichtslose Situation ist aber für den Menschen auch in größter Einsamkeit erträglich, wenn er nur ein wenig das Gefühl hat, seine Lage und seine Umgebung unter Kontrolle zu haben. Leute, die diese Erfahrung selbst gemacht haben, haben deshalb mit Recht die Konstruktion von Rettungsinseln propagiert, die mit einem Segel ausgerüstet und steuerbar sind. Soziale Isolation tritt aber auch in Gruppen auf Langzeittörns auf. Dies besonders dann, wenn die Crewmitglieder wenig zusammenpassende Persönlichkeiten besitzen. Unterschiedliche frühere Erfahrung, unterschiedliches seemännisches Können, unterschiedliche Motive für den Langzeittörn können bereits den Ausschlag dafür geben, daß Crewmitglieder ihr Territorium so bestimmen, daß sie anderen so weit wie möglich aus dem Wege gehen und sich damit voneinander isolieren. Noch schwieriger wird die soziale Situation für einzelne, wenn sie aus der sozialen Gruppe − aus welchem Grund auch immer − ausgeschlossen sind. Hier liegt eine wichtige Aufgabe des Schiffsführers oder des „sozial-emotionalen Führers", solche Isolationsprozesse rechtzeitig zu erkennen und in ihrer Entstehungsphase bereits zu verhindern. Dies geschieht am einfachsten durch eine Neueinteilung der Wachen, wodurch dem isolierten Einzelnen in der neuen Gruppe häufig eine neue soziale Rolle zufällt. Nach Möglichkeit aber sollten solche sozialpsychologischen Gesichtspunkte bereits bei der Zusammenstellung der Crew vor dem Törn eine Rolle spielen. Frühere Segelerfahrung zusammen mit einem Crewmitglied ist hier oft ein besseres Entscheidungskriterium als eine langjährige Freundschaft an Land.

Die Meere sind frei −
trotzdem gibt es Territorialansprüche

Territorialverhalten, das uns unseren tierischen Vorfahren so sympathisch ähnlich macht, gibt es nicht nur innerhalb der Relingsgrenzen des eigenen Schiffes, sondern die Gebietsansprüche werden nur allzu gern auch darüber hinaus ausgedehnt. Dies beginnt damit, daß viele Sportskipper es entgegen allen Yachtgebräuchen außerordentlich ungern sehen, wenn ein anderes Boot in einem überfüllten Yachthafen längsseits gehen will. Ausreden wie „wir wollen aber morgen früh um 0400 Uhr auslaufen" sind noch die harmloseste

Reaktion auf eine freundliche Nachfrage dieser Art, da sich jene Bootsbesitzer, die auch noch den Liegeplatz neben sich beanspruchen, meist von selbst Lügen strafen, wenn am nächsten Morgen um 0900 die ersten verschlafenen Gesichter an Deck erscheinen. Schlimmer wird es schon, wenn mit Schadenersatzansprüchen gedroht wird, noch ehe der erste Fender die Bordwand des ungastlichen Sportschiffers berührt hat. Unerträglich wird der „Siedlerstolz" für einen später einlaufenden Segler aber dann, wenn sich jener auch noch auf sein „Hausrecht" an Bord beruft und den fremden Segelkameraden den Landgang über sein Deck verbieten will. In einem solchen Fall lohnt es sich schon, den Hafenkapitän zu informieren, da dieser allein das Recht hat, über die Liegeplätze zu entscheiden.

Duldet nun aber der Yachtskipper notgedrungen, selbst im Päckchen liegend, daß andere Yachten auch bei ihm noch längsseits gehen, wie es allsommerlich im Helgoländer Hafen und in vielen anderen die Regel ist, so finden wir häufig eine Art von Territorialverhalten, welches man sonst eher von Campingplätzen und Schrebergartensiedlungen gewöhnt ist: Mittels Tampen wird auf dem Vorschiff ein schmaler Gang eingezäunt, der die Sportkameraden, die von der Wasserseite aus das Land erreichen wollen, wohl daran hindern soll, einen falschen Tritt an Deck zu machen. Da es aber die traditionellen Yachtgebräuche ohnehin vorschreiben, im unvermeidlichen Fall nur über das Vorschiff einer benachbarten Yacht zu gehen, wird eine solche Zwangsbarriere nicht gerade als ein Zeichen guter Segelkameradschaft erlebt, da sie ja unterstellt, daß der Nachbar andernfalls durchs Cockpit tapsen würde.

Nicht nur die Nationen dehnen mehr und mehr ihre Territorialansprüche auf die freien Meere aus — früher 3 sm, heute meistens 12 sm und für die Fischerei schon 200 sm —, sondern auch Yachtschiffer scheinen, wie man gelegentlich liest, ihre Gebietsansprüche auf dem Wasser erheblich auszudehnen: Im Sommer 1983 wurde etwa von einem Motorboot namens „Beluga" berichtet, welches sich mitten in die Einfahrt einer jugoslawischen Bucht gelegt hatte und nach beiden Seiten, trotz ruhigem Wetter, Landleinen ausgebracht hatte, so daß anderen Booten die Einfahrt in diese Bucht verwehrt wurde. Der „Beluga"-Skipper überhörte die Bitten mehrerer anderer Yachten, passieren zu dürfen und behielt seinen Territorial-Anspruch auf diese „Privatbucht" aufrecht. Daß solches Territorialverhalten bei anderen — wie im Tierreich — besonders leicht Aggressivität provozieren kann, wurde wenig später durch eine Leserreaktion verdeutlicht: Ein Segelkamerad schlug vor, doch mit Takelmesser und Bolzenschneider sich den Zutritt zu dem fremden Territorium zu erzwingen.

Gruppendynamik an Bord

Wenn eine Crew zu Beginn eines Urlaubstörns an Bord kommt, stellt sie noch keine Gruppe dar, sondern lediglich eine Ansammlung von Individuen. Es beginnt bald die Zeit des gegenseitigen Sich-Beschnupperns, des Kennenlernens der Einstellungen und Kompetenzen des anderen bei gemeinsamer Tätigkeit an Bord, vielleicht fällt auch hier und da schon einmal ein deutliches Wort, mit dem einer seine Kompetenz vor dem anderen herausstreichen will, kurzum, in den ersten Stunden und Tagen zeigen sich die spezifischen Schwächen und Stärken eines jeden. Indem der zusammengewürfelte Haufen von Seglern langsam zur Gruppe heranwächst, bilden sich auch Strukturen, geordnete Beziehungen, zwischen den einzelnen Gruppenmitgliedern aus. Bei diesen Strukturen handelt es sich in erster Linie um *Rangordnungen.* Von einem weiß man, daß er der Skipper ist, aber dieser muß nicht zwangsläufig von vornherein in der psychologischen Rangordnung ganz oben stehen. Er muß seine Kompetenz und Überlegenheit erst noch unter Beweis stellen. In der Rangordnung ganz oben kann zunächst eine ganz andere Person stehen, einer, der für jeden ein freundliches Wort auf den Lippen hat, einer, der sich durch viele Kleinigkeiten beliebt macht und infolge davon von allen in erster Linie angesprochen wird. Dieser Beliebtheits-Führer ist auch derjenige, der am besten über die Probleme der einzelnen Bescheid weiß, weil man sich ihm ja auch am leichtesten anvertraut. Am anderen Ende der Rangordnung mag ein sehr stilles Crewmitglied stehen, einer, der sich sehr bemüht, mit anderen in Kontakt zu treten, der aber selbst nur relativ selten angesprochen wird. Im Extremfall kann dieser zum Außenseiter werden, der in den Augen der anderen immer alles falsch macht und den man am besten gar nicht mitgenommen hätte. Aber dieser Außenseiter ist für die Gruppe sehr wichtig, und wenn es ihn nicht gäbe, müßte ein anderer seine Rolle einnehmen. Die Ausbildung von Rangordnungen in menschlichen Gruppen erinnert sehr an das, was Tierpsychologen schon vor 60 Jahren auf dem Hühnerhof beobachtet haben: Jedes Huhn tritt zu jedem anderen in eine bestimmte Rangbeziehung, die dadurch kenntlich wird, ob es das andere Huhn selbst hacken kann oder hinnehmen muß, von ihm gehackt zu werden. Diese „Hackordnungen" finden wir auch in jeder menschlichen Gruppe, besonders auch in den relativ isolierten Gruppen an Bord.
Eine Gruppe unterscheidet sich aber noch durch mehr als nur durch ihre „Hackordnung" von einer einfachen Ansammlung von Menschen. Gruppenmit-

glieder erleben sich untereinander als zusammengehörig, sie verfolgen gemeinsame Ziele, sie teilen Normen und Verhaltensvorschriften für den Lebensbereich an Bord, sie identifizieren sich mit gemeinsamen Bezugspersonen. Je mehr die Mitglieder einer Gruppe zu einer *Wir-Gruppe* werden, um so stärker heben sie sich gegen andere Gruppen, z. B. andere Crews, ab.

Gruppen können nicht beliebig groß sein. Bei 6 Personen liegt ein Optimum. Wenn unsere Crew aus 12 Personen besteht, so werden sich mit Sicherheit Untergruppen bilden, die untereinander jeweils eine Rangordnungsstruktur besitzen, und die sich durch ein stärkeres Zusammengehörigkeitsgefühl von der anderen Gruppe abheben. In der Entwicklung von Gruppen und Untergruppen ist immer wieder festzustellen, daß Meinungen, Einstellungen und Normen sich in kürzester Zeit aufeinander zubewegen und vereinheitlichen. Insofern kann ein einzelner Mensch Vertreter unterschiedlicher Wertsysteme werden, wenn er z. B. auf See und an Land unterschiedlichen Gruppen angehört. Für den Schiffsführer ist es wichtig, die Gruppenstruktur an Bord möglichst genau zu kennen. Er wird nämlich durch eine geschickte Aufgabenverteilung, Wacheinteilung etc., die die bestehenden Gruppenstrukturen berücksichtigt, Streitigkeiten vermeiden können, die sich an Bord fast immer negativ für alle und für die Sicherheit des Schiffes auswirken.

Notfalls kann man sich die Gruppenstruktur durch ein einfaches *Soziogramm* veranschaulichen. Man bittet jedes Crewmitglied, diejenigen beiden anderen Crewmitglieder auf einen Zettel zu schreiben, mit denen man gerne gemeinsam eine Wache bilden möchte. Aus den Wahlen läßt sich dann sehr leicht ein Soziogramm abbilden, wie es die Abbildung 39 zeigt, indem man die Crewmitglieder nach der Zahl der Wahlen, die auf sie gefallen sind, in das Schema einordnet und jede einfache Wahl durch einen Pfeil mit einer gestrichelten Linie und jede gegenseitige Wahl durch einen Doppelpfeil mit einer durchgezogenen Linie darstellt. In unserem Fall hat sich z. B. ergeben:

A wählt C und D	D wählt A und E
B wählt C und E	E wählt A und B
C wählt A und E	F wählt D und E

Das Soziogramm in Abbildung 39 zeigt, daß E offensichtlich am beliebtesten ist (es ist der Smut); auf den Schiffsführer A treffen immerhin noch drei Wahlen. A hat sich mit den beiden Wachführern C und D gegenseitig gewählt. F ist der Außenseiter, auf ihn ist gar keine Wahl entfallen. Man muß nun keineswegs die

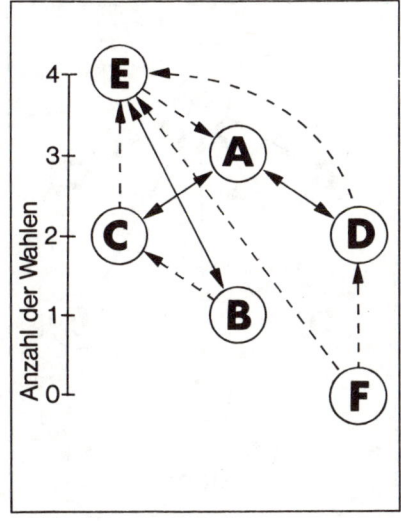

Abb. 39 Soziogramm einer Crew (siehe Text).

Wachen tatsächlich auch nach einem solchen Soziogramm einteilen, hier sollten besser die nautischen und seemannschaftlichen Kompetenzen der Crewmitglieder ausschlaggebend sein. Aber man kann das Soziogramm zur Grundlage eines Gruppenabends an Bord machen, an dem die Beziehungen zwischen den Crewmitgliedern besprochen werden. Im Verborgenen schwelende Streitigkeiten können auf diese Weise leicht an die Oberfläche gehoben werden, bewußt gemacht und damit meistens auch bereinigt werden.

Einem Mißverständnis muß aber vorgebeugt werden: Ein Segeltörn ist keineswegs eine gruppendynamische Veranstaltung. Segelcrews sind in der Regel tätigkeitsorientierte Gruppen, bei denen sich die Beziehungen in erster Linie über die Kompetenzen und die Fähigkeiten zur Kooperation regeln. Sympathiebeziehungen sind demgegenüber zunächst sekundär und entwickeln sich erst auf der Grundlage der gemeinsamen Tätigkeit. Aber die Beziehungsprobleme dürfen eben auch nicht vernachlässigt werden, wenn eine Crew wirklich an einem Strang ziehen will. Und dies ist gerade bei Regattacrews unbedingt notwendig. Gut strukturierte Gruppen, in denen keine unterschwelligen Beziehungsprobleme schwelen, haben einen erheblichen Leistungsvorteil ge-

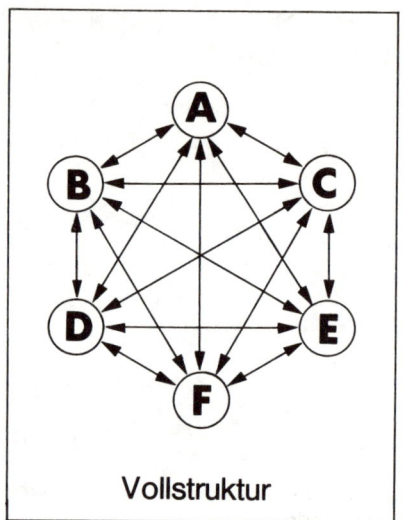

Vollstruktur

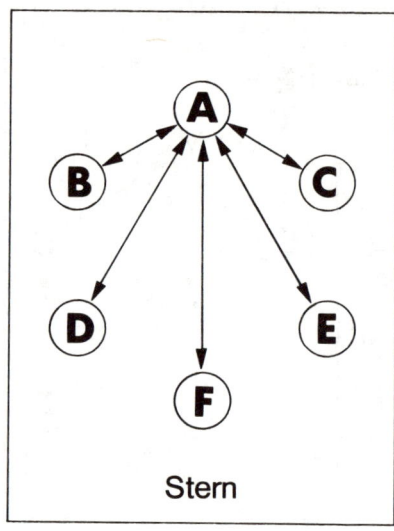

Stern

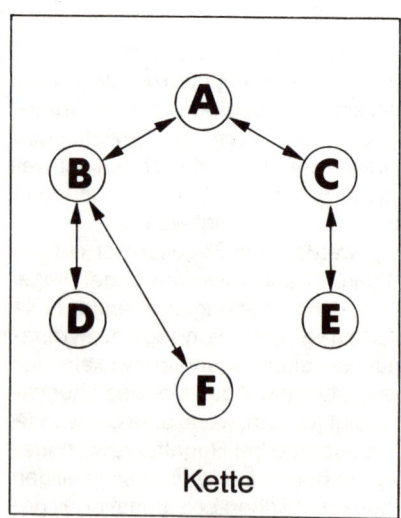

Kette

*Abb. 40 Drei Kommunikationsstruktu-
ren an Bord.*

genüber einer Ansammlung von Individualisten und Egoisten. Der *Leistungsvorteil der Gruppe* liegt gerade in der erwähnten Angleichung der Meinungen und Normen an Bord. Diese ist die Grundlage für gegenseitiges Verständnis, gegenseitige Kooperation und Orientiertsein an der gemeinsamen Sache anstelle von egoistischen Interessen. Insofern ist die Beziehungsklärung auf einem Gruppenabend für eine Regattacrew ein Muß für die Urlaubscrew sind solche sozialpsychologischen Übungen immerhin empfehlenswert, um die Zufriedenheit an Bord zu erhöhen und keine versteckten Aggressionen entstehen zu lassen.

Ein weiterer Aspekt der Gruppendynamik an Bord, auf den besonders der Schiffsführer achten sollte, ist die bevorzugte *Kommunikationsstruktur.* Abbildung 40 zeigt schematisch 3 sehr unterschiedliche Kommunikationsstrukturen, wie sie in der Praxis vorkommen.

Bei der **Vollstruktur** kommuniziert jeder gleichberechtigt mit jedem. Der Schiffsführer bespricht sich mit der gesamten anwesenden Crew. Jeder kann uneingeschränkt seine Meinung äußern. Der Schiffsführer A ist keineswegs derjenige, auf den sich alle Redebeiträge beziehen, sondern jede mögliche Kommunikationsbeziehung zwischen den Crewmitgliedern wird realisiert.

Anders dagegen beim **Stern:** Hier kommuniziert der Schiffsführer A mit jedem Crewmitglied einzeln. Die Crewmitglieder untereinander wissen nicht, was der Schiffsführer mit dem jeweils anderen besprochen hat.

Bei der **Kette** genannten dritten Struktur schließlich gibt der Schiffsführer Anweisungen oder Informationen an ihm nahestehende Bootsleute, Wachführer o. ä. weiter, die die Anweisungen wiederum an die übrigen Crewmitglieder weitergeben. Der Schiffsführer A tritt also mit den Crewmitgliedern D, E und F gar nicht direkt in Kontakt.

Solche Kommunikationsstrukturen sind in der Sozialpsychologie hinsichtlich verschiedener Kriterien genauer untersucht worden. Es zeigte sich, daß die Geschwindigkeit und die Genauigkeit der Informationsvermittlung bei der Vollstruktur gering ist, bei der Kette und dem Stern dagegen groß. Die Führungsrolle des Skippers ist in der Vollstruktur relativ unbestimmt, in der Kette dagegen deutlich und in der Stern-Struktur sehr deutlich hervorgekehrt. Die Zufriedenheit der Crewmitglieder ist bei der Vollstruktur natürlich am größten, bei der Kette deutlich geringer und beim Stern sehr gering. Wenn auch auf Schiffen traditionsgemäß andere sozialpsychologische Gesetzmäßigkeiten akzeptiert sind als an Land — die Effektivität der Schiffsführung in kritischen Situationen ist immer höher zu bewerten als die Zufriedenheit der Crewmitglieder —, so sollte doch jeder Schiffsführer einige selbstkritische Gedanken auf seinen Führungs- und Kommunikationsstil verschwenden. Sicherlich ist bei kleinen Crews auf kleinen Schiffen eine sternförmige Kommunikation nicht notwendig optimal, ebensowenig eine hierarchische Abstufung nach Art des Kette-Modells. Anderseits sollte die Kommunikation des Schiffsführers mit seiner Crew nach Art der Vollstruktur nicht dazu führen, daß jede Entscheidung immer wieder zur Diskussion gestellt wird und damit kein einheitliches Handeln der Crew nach einem Plan mehr möglich ist. Die Kommunikation des Skippers mit seiner Crew nach Art der Vollstruktur erfordert mehr Führungsqualitäten, Überzeugungskraft und Sachautorität als bei der Kommunikationsstruktur vom Typ Stern oder Kette, bei denen ja die Führungsrolle des Skippers strukturell abgesichert ist. Aber hierzu mehr im nächsten Abschnitt.

Woher kommt die Autorität des Skippers? — Zur Sozialpsychologie der Schiffsführung

Der Schiffsführer bestimmt das „Betriebsklima" an Bord. Seine Persönlichkeit, sein Verhalten, seine Art Anweisungen zu geben, kurzum sein Führungsstil ist entscheidend dafür, ob sich Frust und Unlust an Bord verbreiten, jeder am liebsten seinen eigenen Kram machen würde und die Arbeitsteilung nur mürrisch akzeptiert wird, oder ob die Gruppe einen inneren Zusammenhalt verspürt, alle Aufgaben als notwendiger Anteil an einer gemeinsamen Zielerreichung erlebt werden und auch in schwierigen Situationen kein Stimmungstief zu verzeichnen ist. Zwar ist der Skipper einer Yacht nicht, wie in alten Zeiten der Seefahrt, „Herr über Leben und Tod" seiner Besatzungsmitglieder, der seine Autorität mit Waffengewalt sichert und in freier Entscheidung Bestrafungen der Besatzungsmitglieder durchsetzen kann, aber die in der Seeschiffahrtstraßen-Ordnung (§ 4) festgehaltene „Verantwortlichkeit des Fahrzeugführers" erlegt diesem besondere Pflichten auf und gibt ihm damit gleichzeitig besondere Rechte. Eine kollegiale Schiffsführung ist hierbei ausdrücklich ausgeschlossen. Natürlich schließt dieses nicht kollegiales Verhalten des Skippers aus, daß er etwa nautische Entscheidungen mit den Wachführern abspricht und die Törnplanung mit der Crew diskutiert, aber in besonderen Fällen, namentlich wenn die Sicherheit der Crew und des Schiffes auf dem Spiel steht, muß er seine Entscheidungen eindeutig, klar, rechtzeitig und letztverantwortlich allein treffen.

Dieser Sachverhalt läßt es in Fällen, in denen mehrere Crewmitglieder zum erstenmal an einem Hochseetörn teilnehmen, sinnvoll erscheinen, auf der Törnvorbesprechung nicht nur darüber zu diskutieren, ob Becks oder Budweiser eingekauft werden soll, sondern auch über die sozialpsychologischen Besonderheiten, die sich aus der klaren Führungsstruktur an Bord eines Schiffes ergeben. So ist es z. B. für eine Studentengruppe nicht ganz leicht, sich mit dem Gedanken vertraut zu machen, daß der im Seminar stille und in der Diskussion zurückhaltende Kommilitone X an Bord plötzlich die Rolle des Skippers hat und seinen Mitstudenten selbstbewußt Anweisungen erteilt. Derartige *Rollenkonflikte,* die daraus entstehen, daß Gruppen an Land eine bestimmte Struktur haben, was die soziale Rangordnung und die Kommunikation betrifft, nun plötzlich an Bord eine andere formelle Struktur dadurch erhalten, daß hier ganz andere Fähigkeiten und Erfahrungen als an Land gefragt sind, sollten vorhergesehen und vor dem Törn offen angesprochen werden. Andernfalls könnte ein solcher Rollenkonflikt an Bord dazu führen, daß der Schiffsführer nur sehr zögernd oder gar nicht akzeptiert wird, da weder er selbst noch die Crewmitglieder sich von der an Land eingefahrenen Gruppenstruktur lösen können. Es muß vermittelt werden, daß die formelle Autorität einer Person, die an Land häufig einen negativen Beigeschmack hat, da hier in vielen Situationen keine Notwendigkeit für die Führung durch einen einzelnen erkennbar ist, auf See dagegen unter Umständen die Sicherheit und das Überleben garantieren kann.

Nun bedeutet „Autorität des Skippers" keineswegs, daß dieser, kaum hat er Planken unter den Füßen, beginnt, wie wild an Deck herumzuschreien und seine Segelfreunde mit undurchsichtigen Befehlen zu malträtieren. Vielmehr sollten wir uns fragen, welche Merkmale einen guten Schiffsführer auszeichnen, wie man einen solchen erkennt und durch welches Verhalten man ein solcher wird. Fast jeder, der in verschiedenen Crews gesegelt ist, glaubt zu wissen, welche *Persönlichkeitseigenschaften* − neben den seemannschaftlichen und navigatorischen Fähigkeiten − einen guten Skipper ausmachen: Er zeichnet sich durch Initiative, Ausdauer, Know-how, Selbstvertrauen, Verantwortungsbereitschaft, Intelligenz, soziale Teilnahme usw. aus, er ist kein aufgeregter Typ, sondern strahlt eher Ruhe und Sicherheit aus, er hat ein gutes Urteilsvermögen und ist körperlich fit. Alle diese Eigenschaften gibt es bei Skippern, aber es gibt viele gute Skipper, bei denen manche dieser Eigenschaften fehlen. Außerdem ist es fast unmöglich, manche dieser Eigenschaften im voraus an

Land zu erkennen. Welche positiven Fähigkeiten ein Skipper wirklich hat, zeigt sich erst unter Umständen in der seltenen Extremsituation. Man kann getrost sagen, daß typische Persönlichkeitseigenschaften von Schiffsführern bis heute nicht bekannt sind. Es gibt aber *Verhaltensweisen,* die man schon nach kurzer Zeit an Bord beobachten kann, die gute Skipper auszeichnen:

— Sie halten die Normen der Gruppe selbst am strengsten ein (z. B. Rauchverbot unter Deck, Qualität des Backschaftsdienstes, Beachtung der Sicherheitsvorkehrungen);

— sie sitzen nicht achtern im Cockpit und erteilen Befehle, die die Crewmitglieder ausführen müssen, sondern sie packen selbst an und kooperieren bei schwierigen Manövern, wobei sich das, was die Crew tun muß, in der gemeinsamen Tätigkeit oft von selbst ergibt;

— sie treffen keine einsamen Entscheidungen, sondern sprechen diese nach Möglichkeit mit der Crew vorher ab, stellen Alternativen zur Wahl oder erklären die Beweggründe ihrer Entscheidungen. Wenn Entscheidungen rechtzeitig unter Zeitdruck getroffen werden müssen, so klären sie die Crew anschließend darüber auf;

— sie übernehmen nicht alle schwierigen Tätigkeiten, die eine hohe Qualifikation erfordern, selbst sondern geben — soweit es die Situation zuläßt — ihren Crewmitgliedern die Möglichkeit etwas zu lernen, sich die Fähigkeiten, die sie selbst besitzen, mit der Zeit ebenfalls anzueignen (der Skipper muß nicht jedes Hafenmanöver selbst fahren, jeden Segelwechsel selbst anordnen und jede Sextant-Messung selbst durchführen);

— wenn er Anweisungen gibt, sollten diese wohl überlegt sein und nicht sofort wieder korrigiert werden; sie sollten klar und eindeutig sein, und wenn sie früheren Anweisungen widersprechen, sollte dies kommentiert werden; die Anweisungen sollten sich an konkrete Personen richten und es sollten der gleichen Person nicht mehrere Anweisungen auf einmal gegeben werden („Kannst du mal das Piekfall klarieren und den Dieselstand ablesen");

— schließlich zeichnet sich ein guter Skipper dadurch aus, daß er die individuellen Bedürfnisse, Interessen und Probleme der Crewmitglieder kennenlernt und bei der Arbeitsteilung an Bord berücksichtigt.

Diese sicherlich noch unvollständige Liste von Verhaltensmerkmalen zeigt, daß es vielleicht weniger die überdauernden Persönlichkeitseigenschaften eines Menschen sind, die ihn zum Schiffsführer prädestinieren, sondern bestimmte, für jeden erlernbare Verhaltensweisen, die wir unter dem Begriff des *Führungsstils* zusammenfassen.

In einer klassischen sozialpsychologischen Untersuchung wurden in Jugendgruppen, die eine bestimmte Aufgabe zu erfüllen hatten, drei unterschiedliche Führungsstile praktiziert: der *autoritäre* Führungsstil, der *demokratische* Führungsstil und der *laissez-faire* Führungsstil. Beim autoritären Führungsstil bestimmte der Gruppenführer durchweg, was wie getan werden sollte. Er diktierte die anzuwendenden Handlungstechniken und teilte der Gruppe immer nur den jeweils nächstfolgenden Handlungsschritt mit. Er bestimmte, was jeder einzelne zu tun hatte und ließ die Gruppe über den weiteren Ablauf des Gruppengeschehens im Unklaren. Lob und Kritik äußerte er auf die einzelnen Personen bezogen.

Beim demokratischen Führungsstil wurde das Vorgehen bei der Bearbeitung der Aufgabe durch eine Gruppendiskussion und -entscheidung gefunden. Die einzelnen Schritte wurden gemeinsam geplant, nachdem der Führer jeweils verschiedene Alternativen aufgezeigt hatte. Die Aufgabenverteilung wurde der Gruppe überlassen. Der Gruppenführer selbst ordnete sich in die Tätigkeit der Gruppe ein. Sein Lob und seine Kritik bezog er auf einzelne Tätigkeiten, nicht auf Personen.

Bei der dritten Gruppe schließlich blieben alle Entscheidungen der Gruppe selbst überlassen. Der Führer beteiligte sich nicht und sagte nur etwas, wenn er gefragt wurde. Lob und Kritik wurden nicht geäußert.

Die Ergebnisse dieser Untersuchung sind sehr interessant und können uns durchaus Anhaltspunkte für das Verhalten an Bord geben. Beim autoritären Führungsstil zeigten sich stärkere Aggressionen unter den Gruppenmitgliedern, besonders gegenüber Außenseitern. Es traten weiterhin sowohl unterwürfige als auch machtbeanspruchende Verhaltensweisen auf. Der Zusammenhalt der Gruppe war relativ gering, und bei nachlassendem Druck strebten die Mitglieder auseinander. Die Zufriedenheit der Gruppenmitglieder war gering, allerdings wurde die Aufgabe relativ schnell und effektiv gelöst.

Beim demokratischen Führungsstil zeigte sich mehr eigenständige Arbeitsmotivation bei den Gruppenmitgliedern. Die Gruppe hielt stärker zusammen und war mit ihrer Tätigkeit zufrieden, obwohl ihre Leistung rein zahlenmäßig geringer war als in der autoritär geführten Gruppe. Allerdings wurden in der demokratisch geführten Gruppe originellere Ideen produziert.

Die laissez-faire Gruppe schließlich zeigte die geringste Arbeitsleistung und den geringsten Gruppenzusammenhalt. Es kam teilweise überhaupt nicht zur Gruppenbildung, und dementsprechend konnten auch kaum gemeinsame Gruppenziele verfolgt werden.

Ein Vergleich dieser Führungsstile und ihrer Folgen mit den genannten Skipperverhaltensweisen zeigt, daß der optimale Führungsstil an Bord dem demokratischen Führungsstil am nächsten kommt. Allerdings mit der Einschränkung, daß er unter bestimmten Bedingungen durchaus eine stärker autoritäre Komponente bekommen kann, da unter Umständen nur so die notwendige Effektivität erreicht wird, die ein Durchstehen schwieriger Situationen ermöglicht. Ich würde diesen optimalen Führungsstil an Bord als *verantwortlich-kooperativ* bezeichnen. Der anarchistische laisez-faire Führungsstil ist für die Seefahrt nicht geeignet.

Schon bei unserem Soziogramm (Abb. 39) hatten wir bemerkt, daß der Skipper A nicht der Beliebteste in der Crew war. Am häufigsten wurde Crewmitglied E, der Smut, genannt als einer, mit dem man zugleich Wache gehen möchte. Wenn wir unterschiedliche Fragen stellen würden, so würden wir wahrscheinlich ganz unterschiedlich strukturierte Soziogramme erhalten. Fragen wir: „Mit welchem Crewmitglied würdest du am liebsten an Land einen Kneipenbummel machen?", so würden mit großer Wahrscheinlichkeit die meisten Wahlen auf eine andere Person fallen, als wenn wir fragen: „Mit welchem Crewmitglied würdest du am liebsten einen Sturm abwettern?" Sozialpsychologen haben herausgefunden, daß sowohl in Gruppen als auch sogar in Institutionen und Gesellschaften zwei verschiedene *Führungsrollen* durch unterschiedliche Mitglieder ausgefüllt werden: Einerseits der Tüchtigste, dessen Qualifikation und Erfolgsorientierung unbestritten ist, und andererseits der Beliebteste, der am ehesten als Ansprechpartner bei sozialen und emotionalen Problemen in Frage kommt. Mit dem Tüchtigsten arbeitet man gerne zusammen, und mit dem Beliebtesten möchte man gern zusammen sein. Der optimale Skipper, sollte man denken, sollte beide Führungsrollen, die des Tüchtigsten und des Beliebtesten, zugleich innehaben. Dies ist allerdings relativ selten der Fall, da sich die durch die unterschiedlichen Rollen bedingten Verhaltensweisen teilweise ausschließen: Ein sicherheitsbewußter, ein an der gemeinsamen Aufgabe orientierter Skipper kann unter Umständen in einem entscheidenden Moment keine sozialemotionale Zuwendung aufbringen.

Eine Untersuchung, die in der Berufsschiffahrt durchgeführt wurde, zeigt, daß Besatzungsmitglieder diejenigen Kapitäne als die besten ansehen, die gleichviel soziale und technische Fähigkeiten oder mehr soziale als technische Fähigkeiten besitzen, (vgl. Abb. 41). Als schlechteste Kapitäne werden zum größten Prozentsatz diejenigen angesehen, die mehr technische als soziale Fähigkeiten besitzen und in zweiter Linie diejenigen, die gleichviel soziale und tech-

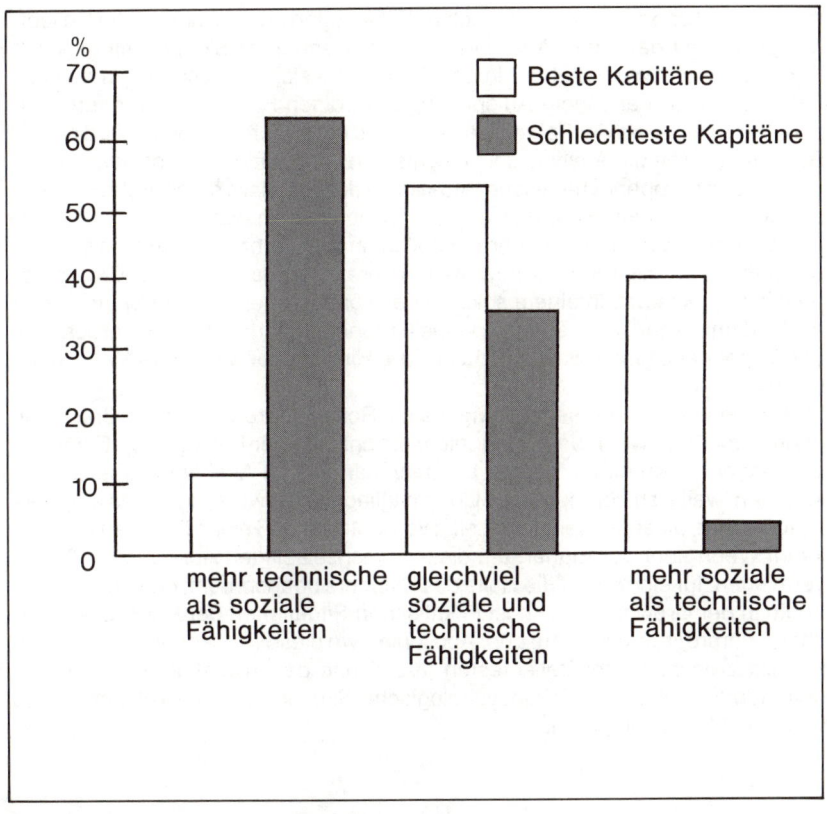

Abb. 41   Kapitäne im Urteil von Besatzungen.

nische Fähigkeiten besitzen. Hieraus darf nun allerdings nicht der Schluß gezogen werden, daß man die Führungsposition auf einem Schiff am besten nach den sozialen Fähigkeiten besetzen sollte. Der Beliebteste ist vielleicht der beste Skipper in den Augen der Crew, nicht aber automatisch auch beim Abwettern eines Sturms. Hier wird sich der Fähigste als der Beste erweisen. Da der letzte Fall aber für die gesamte Crew lebensentscheidend sein kann, wäre es problematisch, den Skipper nach der Beliebtheit, ohne Ansehen seiner seemannschaftlichen und navigatorischen Fähigkeiten auszuwählen. Die Beliebtheit sollte erst dann den Ausschlag geben, wenn zwei Skipper mit gleichen Fähigkeiten zur Wahl stehen. In der Praxis wird sich sowieso in den meisten Fällen die schon erwähnte Aufspaltung der beiden Führungsrollen durchsetzen. Der Skipper als der Fähigste an Bord und ein anderes Crewmitglied als der Beliebteste. Wie die Analyse der Berichte von Langzeittörns zeigt, erweist sich eine solche gruppendynamische Situation in der Regel als stabil und zufriedenstellend. Problematisch wird es erst, wenn die Gemeinsamkeit und die gegenseitige Achtung der beiden Führungsrolleninhaber zerbricht, wenn sie sich gegenseitig in Profilierungszwänge manövrieren und dadurch eine Untergruppenbildung einsetzt. In einem solchen Fall können unerträgliche Spannungen an Bord entstehen. Eine ausgewogene Gruppenstruktur setzt also voraus, daß der Skipper akzeptiert, daß er nicht in jeder Hinsicht der wichtigste Mann in der Crew ist.

Eine andere, allerdings sehr oft ungünstige Rollendifferenzierung an Bord kann dann entstehen, wenn der Eigner nicht gleichzeitig der Fähigste ist. Entweder der Eigner heuert einen Skipper an, dann kann es zu Auseinandersetzungen kommen, weil sich der Eigner als Crewmitglied den Anweisungen des Skippers zu fügen hat, diesem aber gleichzeitig verdeutlicht, daß er ihn jederzeit ablösen kann. Wenn aber der Eigner, um diesen wechselseitigen *Autoritätskonflikt* zu vermeiden, für sich selbst die Rolle des Skippers beansprucht, obwohl fähigere Leute in der Crew sind, dann ist in kritischen Situationen der Konflikt noch sicherer vorprogrammiert. Auf der „Apollonia", wo dieser Rollenkonflikt noch den Konflikt zwischen dem Beliebtesten (Klein) und dem Tüchtigsten (Termann) überlagerte, hat diese sozialpsychologische Situation zum gewaltsamen Tod von zwei Menschen geführt.

So viel Frust — und dann auch noch aggressiv

Wir haben in diesem Kapitel eine Reihe von Bedingungen kennengelernt, unter denen an Bord besonders leicht auffälliges und aggressives Verhalten entstehen kann. Es sind dies alles Bedingungen, die den Spielraum und die Freiheit des einzelnen einschränken. Es sind dies insbesondere die Enge, die geringe Möglichkeit, sich zurückzuziehen, die soziale Dichte, die den Einzelnen immer mit den gleichen Personen und deren Verhaltensweisen konfrontiert. Es sind weiter die in solcher Enge notwendig vorkommenden Übergriffe in die Privatbereiche des Einzelnen, die wir als Territorialität bezeichnet haben. Es ist schließlich die Isolation an Bord und die Unmöglichkeit, einfach auszubrechen. Besonders auch längere Flauten können wegen der damit verbundenen Inaktivität und Langeweile die Stimmung an Bord auf den Nullpunkt sinken lassen.
Hinzu kommt, daß Probleme der Arbeitsteilung auftreten können, wie sie im 4. Kapitel beschrieben wurden: zu starke Spezialisierung, zu wenig Kooperativität und infolgedessen wenig Lernmöglichkeiten. Wenn dann noch ein autoritärer Führungsstil dazukommt, läuft das Faß der Unzufriedenheit und Frustration leicht über und es kommt unweigerlich zu aggressiven Reaktionen. Diese können sich nach außen richten, aber in den meisten Fällen wird mangels äußerer Objekte die Aggressionsbombe innerhalb der Crew explodieren. Spätestens jetzt ist der Anlaß für klärende Gespräche innerhalb der Crew gegeben, in denen versucht werden sollte, die Probleme Stück für Stück zu analysieren und Lösungsvorschläge auszuarbeiten. Sicherlich werden sich nicht alle Probleme lösen lassen, aber oft können schon kleine Änderungen der Organisation des Bordbetriebes, Vermeidung provokativen Verhaltens oder auch „nur" Verständnis für die Probleme Einzelner die Stimmung wieder heben.
Nicht alle möglicherweise frustrierenden Bedingungen an Bord lassen sich vermeiden: Das Raumangebot und die Rückzugsmöglichkeiten sind durch die äußeren Planken begrenzt, und gegen Flauten kann man auch nichts machen. Aber einige andere der hier aufgezeigten Probleme lassen sich auf jedem Törn vorhersehen und schon im Vorfeld mit der Crew diskutieren und abwenden, so daß Frustration und Aggression gar nicht erst Raum greifen.
Die Feststellung von sozialpsychologisch gesehen ungünstigen Bedingungen an Bord von Yachten sollte aber nicht darüber hinwegtäuschen, daß sich Jahr für Jahr Tausende von Crews zusammenfinden, um sich für mehrere Wochen diesen Bedingungen auszusetzen. Menschen sind außerordentlich anpas-

sungsfähig, auch an die ungünstigsten Bedingungen, und es sind keinerlei negative Auswirkungen dieser Bedingungen auf den Einzelnen oder die Gruppe zu erwarten, so lange sich Menschen den Verhältnissen an Bord und auf See *freiwillig* aussetzen. Auch die noch viel ungünstigeren Bedingungen, denen sich amerikanische Aquanauten in der Unterwasser-Forschungs-Kapsel „Sealab II" über Wochen ausgesetzt haben – räumliche Enge, Crowding, Dunkelheit, räumliche Abgeschnittenheit von der Umwelt, 20 Meter unter Wasser etc. –, haben in der gesamten Berichtsperiode zu keinerlei gruppendynamischen Problemen oder persönlichen Auffälligkeiten geführt, wenn man von den unter solchen extremen Bedingungen üblichen Streßerscheinungen absieht. Kooperationsbereitschaft und Unternehmungsgeist der Aquanauten-Crew blieben die gesamte Zeit über ungebrochen. Auch hier waren sowohl die zivilen als auch die militärischen Taucher freiwillige Teilnehmer des Unternehmens. Es sind eben nur die – glücklicherweise seltenen – Ausnahmefälle, in denen die extremen Umweltbedingungen an Bord von Schiffen zu solchen sozialpsychologischen Katastrophen wie auf der „Apollonia" führen.

Was treibt uns auf See? — Einiges über die Motivation des Seglers

Die Angst des Seglers — Anreiz oder Lähmung des Handelns?

Wohl jeder Segler kennt Angst. Es muß gar nicht die ganz große Angst vor dem großen Sturm sein, es gibt viele kleine Ängste: die Angst, ob das Rigg und die Segel einer plötzlich einfallenden starken Bö standhalten, die Angst beim Ansteuern eines Leehafens bei 6 Bft, die Angst, ob ein Hafenmanöver auf engem Raum gelingt usw. Die Angst äußert sich in physiologischen Veränderungen, die deutlich spürbar sind: Der Blutdruck wird erhöht, der Herzschlag beschleunigt, Feuchtigkeit bildet sich auf der Haut. Die körperlichen Symptome bezeichnen wir als *Aktivierung*.

Der Segler braucht sich der Angst nicht zu schämen. So lange Angst eine Reaktion auf tatsächliche Gefahren ist, ist sie eine natürliche und sinnvolle Erscheinung, die sogar nützlich sein kann. Hochseesegler werden laufend mit realen Gefahren ihrer Umgebung konfrontiert. Die Angst verhilft dazu, Gefahren zu meiden. Angst mittlerer Ausprägung kann sogar Kräfte mobilisieren, die Sinne schärfen und das Risikosituationen voraussehende Denken verbessern. Auch hier besteht eine Gesetzmäßigkeit, wir wir sie ganz ähnlich schon in anderem Zusammenhang kennengelernt haben (vgl. Abb. 26).

Die Abbildung 42 zeigt, daß unsere Leistungsfähigkeit bei geringer Angst bzw. Aktivierung ebenfalls gering ist. Bei einer mittleren Angst bzw. Aktivierung ist dagegen die Leistungsfähigkeit groß, um dann bei steigender Angst wieder abzusinken. Das Optimum der Leistungsfähigkeit liegt allerdings bei schwierigen Aufgaben im Bereich geringerer und bei leichten Aufgaben im Bereich größerer Angst bzw. Aktivierung. Bei hoher Angst sinkt die Leistungsfähigkeit allgemein stark ab. Das bedeutet im einzelnen, daß Dinge, die uns sonst leicht von der Hand gehen, plötzlich nicht mehr gelingen wollen. Da fällt uns ein bei großem Streß geschlagener Palstek plötzlich wieder auseinander, weil wir einen Fehler begangen haben. Auch mit Wahrnehmungseinschränkungen

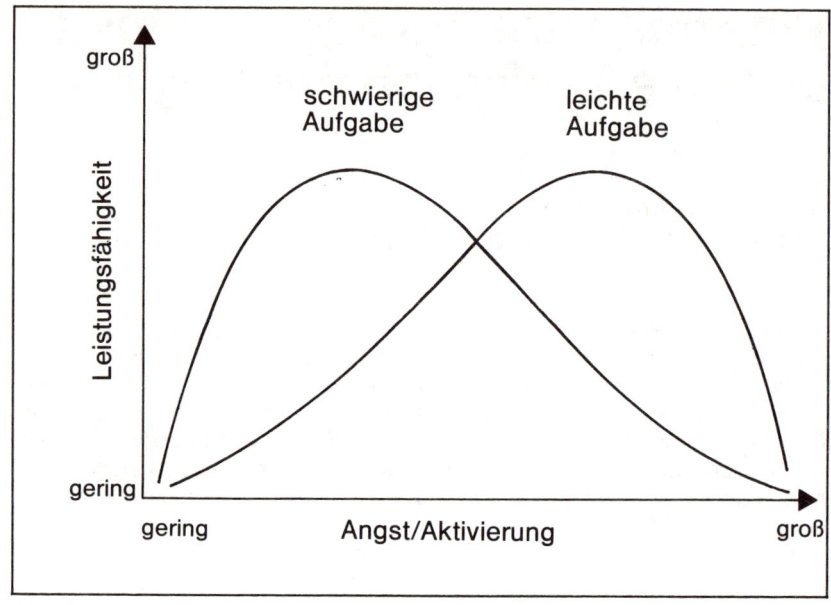

Abb. 42   Das Verhältnis von Angst und Leistungsfähigkeit.

müssen wir rechnen: Die grün-roten Festfeuer, die die Hafeneinfahrt markieren, heben sich plötzlich nicht mehr vor dem Hintergrund der beleuchteten Hafenstadt ab, auch kann nah und fern bei Landmarken und Tonnen leichter verwechselt werden. Wir nennen diese Phänomene *Gestaltzerfall.*
Allgemein findet bei großer Angst eine Einengung des Wahrnehmens und Denkens statt. Im Grenzfall sehen wir nur noch, was sich unmittelbar dem Zentrum unserer Augen darbietet. Die Wahrnehmungen in der Peripherie, die erst den Zusammenhang der Umgebungserkennung ermöglichen, fallen fort, wir sehen wie durch einen Tunnel. Dadurch ergeben sich auch Verzerrungen der Größe und Distanz von Objekten. Im Denken haben wir eine stärkere Gegenwartsorientierung, nur die augenblickliche Situation steht im Mittelpunkt unseres Denkens. Wir erinnern uns nicht an früher gemachte Erfahrungen, und wir sind nicht mehr in der Lage, die Veränderungen der Situation in der Zukunft vorher-

zusehen. Diese Fähigkeit wird ebenso wie die Aufmerksamkeit und Konzentrationsfähigkeit gemindert.
Wie können wir nun diese gravierenden Einschränkungen der psychischen Leistungsfähigkeit, die durch große Angst bzw. Aktivierung verursacht wird, vermeiden? Eine Möglichkeit ist es, Entspannungstechniken zu erlernen, wie sie schon im Kapitel über Seekrankheit genannt wurden. Eine andere Möglichkeit ist es, angstverursachende Situationen durchzustehen und Erfahrungen zu sammeln. Es hat sich in mehreren Untersuchungen gefährlicher Tätigkeiten gezeigt, daß Erfahrene in gefährlichen Situationen weniger Angst haben als Unerfahrene. Das liegt nicht etwa daran, daß der Mensch mit zunehmender Erfahrung gegen die Angst abstumpft. Vielmehr ist es so, daß Erfahrene ihre Angst zu einem anderen Zeitpunkt haben als unerfahrene Menschen. Es hat sich gezeigt, daß erfahrene Segler ihre Angst bereits lange vor dem Eintritt der gefährlichen Situation haben. Sie sind dadurch in der Lage, die Gefahr besser vorherzusehen und möglicherweise zu vermeiden. Der erfahrene Segler kann also etwa eine Schwerwetterlage lange vorhersehen, das Schiff und sich darauf vorbereiten und möglicherweise das gefährliche Viertel der Zyklone umfahren. In der gefährlichen Situation des Sturms selbst haben diese Leute aber nur wenig Angst und sind damit optimal leistungsfähig. Der unerfahrene Segler segelt demgegenüber angstfrei und blauäugig in das Sturmtief hinein und leidet dann unter lähmender Angst, wenn es fetzt und brettert. Die erfahrenen Segler nutzen also die produktiven Aspekte der Angst im vorhinein aus und haben es gelernt, in der gefährlichen Situation selbst die Angst so weit zu reduzieren, daß ihre Handlungsfähigkeit und Aufmerksamkeit nicht eingeengt wird. Dies ist der Grund dafür, warum Hochseesegel-Erfahrung die beste Lebensversicherung auf See ist.

Warum stellen sich Segler immer wieder dem Risiko gefährlicher Situationen auf See?

Diese Frage stellt sich zwangsläufig, wenn man beobachtet, mit welcher liebevollen und ins Detail gehenden Vorbereitung, mit welchem finanziellen Aufwand und mit welcher Vorfreude Segler alljährlich ihren großen Törn planen, bei dem sie sich dann in vollem Bewußtsein der Gefahren, die dies mit sich bringt, in eine Situation begeben, in der sie auf einer kleinen Yacht zwischen Wellenbergen, die das Freibord um ein Mehrfaches überragen, in Wind und Kälte, bei überkommendem Spritzwasser, auf engstem Raum mit anderen zusammengepfercht, mit klammen Fingern und großer geistiger Anstrengung ihre Position bestimmend, und ihren Hunger aus Konservendosen stillend, die schönsten Tage des Jahres verleben. Der Beobachter an Land registriert, daß diese Segler sündhafte Summen dafür investieren, daß sie sich in eine Lebenssituation begeben, für die sie, wenn es ihre Berufstätigkeit wäre, Härte- und Gefahrenzulagen fordern würden. Noch vor 100 Jahren hätten erfahrene Berufsseeleute jeden für geistesschwach gehalten, der sich freiwillig, ohne ökonomischen Zwang und nur aus sportlichen Gründen in ihre Lebenslage gebracht hätte. Ohne Zweifel ist es erst eine „Errungenschaft" dieses Jahrhunderts und besonders der letzten Jahrzehnte, daß Menschen als Reaktion auf das vielfach abgesicherte und in festen, vorhersagbaren Bahnen ablaufende alltägliche Einerlei des Lebens in den Großstädten, das Abenteuer, die unberührte Natur, das Unvorhersagbare und eben einen gewissen Grad an Unsicherheit suchen. Ohne Zweifel genießen diese Leute die gefährlichen Aktivitäten gerade auch wegen der damit verbundenen Risiken, sie genießen das Gefühl der Aktivierung und das Gefühl der Überlegenheit, wenn eine schwierige Situation aus eigener Kraft gemeistert wurde. Dabei dürfte den meisten Seglern kaum bewußt sein, daß rein versicherungsmathematisch gesehen ein Autourlaub auf überfüllten Autobahnen viel mehr Risiken birgt als ein Seetörn. Das subjektive Gefühl des erhöhten Risikos ergibt sich auf See aus der unmittelbaren Konfrontation mit den Naturgewalten.

Wir haben schon im vorangegangenen Abschnitt einige Motive angedeutet, die des Rätsels Lösung sind, warum es den, der einmal auf See war, immer wieder hinaustreibt. Es ist die Neugiermotivation, ein in jedem Menschen verankertes Bedürfnis, sich unsicheren, unbestimmten, neuartigen und nicht vorhersagbaren Situationen auszusetzen. Es ist weiter die Leistungsmotivation, ein Bedürfnis, für das in vielen eintönigen Berufen kaum Raum bleibt, daß der Mensch sich nämlich immer neue Ziele setzt, die immer wieder ein Stück über dem zuletzt erreichten Ziel liegen und sich am Erfolg des Gelingens erfreut. Jeder Segler kennt das Gefühl der tiefen Befriedigung, wenn er nach einem längeren Schlag über See im Hafen die Leinen festgemacht hat. Und schließlich ist es der Aspekt der Persönlichkeitsentwicklung, für den im Alltag nur wenig Raum bleibt: die Weiterentwicklung der eigenen Fähigkeiten, wie sie auf See gefordert wird, wo man bei einem auftretenden Problem keine Handwerker anrufen oder ein Ersatzteil aus dem Kaufhaus holen kann, sondern mit eigener Kraft und eigenem Nachdenken und der eigenen Geschicklichkeit das Problem lösen muß. Das dadurch entwickelte Selbstvertrauen nimmt der Segler von seinem Urlaubstörn in die Monotonie und den Frust des Alltags mit zurück.

Schriftenverzeichnis

(Weiterführende Literatur zu einzelnen Themen ist mit * gezeichnet)

Kapitel „Segeln mit Leib und Seele"

ANDERSON, D., ISTANCE, H. and SPENCER, J. (Eds.):
Human factors in the design and operation of ships. Göteborg 1977.

BÖHM, H.: Psychologie an Bord, I, II, III. Hrsg. vom Sozialwerk für Seeleute e. V., o. J.

DOLMIERSKI, R., de WALDEN-GALUSZKO, K. and NITKA, J.:
Neuroses among seaman of polish merchant marine.
In: ANDERSON, D. et al. (Eds.): Human factors in the design and operation of ships.
Göteborg 1977, 513−523.

* LISCH, R.: Totale Institution Schiff. Berlin: Duncker & Humblot 1976.

MOREBY, D. H.: Personnel managemant in merchant ships. Oxford: Pergamon Press 1968.

* MOREBY, D. H.: The human element in shipping. Colchester: Seatrade Publication 1975.

STRAUB, D. und die Walroß-Crew: Nichts wie hinterher − mit Walroß III im
Whitbread-Rennen um die Welt.
Bielefeld, Delius Klasing 1983.

SVENSSON, R.: Ship handling and reliability.
In: ANDERSON, D. et al. (Eds.): Human factors in the design and operations of ships.
Göteborg 1977, 69−88.

* ZIEGENSPECK, J. (Hrsg.): Segeln und Sozialpädagogik − überregionaler Informationsdienst.
Lüneburg 1981 ff.

Kapitel „Wo einem Hören und Sehen vergeht"

BAKER, C. H.: Man and radar displays. Oxford: Pergamon Press 1962.

BARNABY, K. C.: Some ship disasters and their causes. London: Hutchinson 1968.

BÖHM, H. and ZADE, G.: Psychology and simulation in the application to ship's radar.
In: ANDERSON, D. et al. (Eds.): Human factors in the design and operation of ships.
Göteborg 1977, 259−281.

BÖHM, W.: Handbuch der Navigation. Herford: Bussesche Verlagshandlung 1978.

DUNCKER, K.: Über induzierte Bewegung. Psychologische Forschung 12, 1929, 180-259.

FRAISSE, P.: Zeitwahrnehmung und Zeitschätzung.
In: METZGER, W. (Hrsg.): Wahrnehmung und Bewußtsein. Handbuch der Psychologie, Bd. 1/1.
Göttingen: Hogrefe 1966, 656−890.

FREIESLEBEN, H. C.: Psychologisch-physiologische Probleme der Radarbeobachtung auf
Handelsschiffen. Opladen: Westdeutscher Verlag 1966.

* GIBSON, J. J.: Wahrnehmung und Umwelt. München: Urban & Schwarzenberg 1981.

GREGORY, R. L. and ZANGWILL, O. L.: The origin of the autokinetic effect.
Quarterly Journal of Experimental Psychology 15, 1963, 252−261.

HACKER, W.: Allgemeine Arbeits- und Ingenieurspsychologie.
Berlin (DDR): Deutscher Verlag der Wissenschaften 1978

* HOWARD, I. P. and TEMPLETON, W. B.: Human spatial orientation.
London/New York: Wiley 1966.

KAUFMANN, L. and ROCK, I.: The moon illusion. Scientific American 207, 1962.

KOCH/KOLKMANN: Navigation. Revier − Küste − Hochsee. Hamburg: Selbstverlag 1975.

MELDAU/STEPPES: Lehrbuch der Navigation. Bremen: Geist 1963.

MERKEL, F. W. und SCHÄFER, M. W.: Orientierung im Tierreich.
Stuttgart/New York: Fischer 1980.

METZGER, W.: Optische Untersuchungen am Ganzfeld II. Zur Phänomenologie
des homogenen Ganzfelds. Psychologische Forschung 13, 1930, 6−29.

* METZGER, W.: Gesetze des Sehens. Frankfurt: Kramer 1975.

RAUSCH, E.: Das Eigenschaftsproblem in der Gestalttheorie der Wahrnehmung.
In: METZGER, W. (Hrsg.): Wahrnehmung und Bewußtsein. Handbuch der Psychologie, Bd. 1/1.
Göttingen: Hogrefe 1966, 866−953.

ROSS, H. E.: Water, fog and the size-distance invariance hypothesis.
British Journal of Psychology 58, 1967, 301−313.

* ROSS, H. E.: Behavior and perception in strange environments. London: Allen & Unwin 1974.

SCHMIDTKE, H.: Leistungsbeeinflussende Faktoren im Radar-Beobachtungsdienst.
Köln und Opladen: Westdeutscher Verlag 1966.

SCHOBER, H.: Das Sehen, 2 Bände. Leipzig: VEB Fachbuchverlag 1960, 1964.

SHERIF, M.: A study in some social factors in perception. Archives of Psychology 187, 1935.

* STADLER, M., SEEGER, F. und RAEITHEL, A.: Psychologie der Wahrnehmung.
München: Juventa 1977.

* STREPP, H. G.: Radar auf Yachten und anderen Kleinschiffen. Bielefeld: Klasing 1979.

STREPP, H. G.: Formeln und Ratschläge für die terrestrische Navigation mit Elektronenrechnern.
Bielefeld: Klasing 1982.

TACK, W. H.: Interpretationsleistungen beim Umgang mit Schiffsradar. Eine Untersuchung
psychischer Prozesse bei der Interpretation von Radarbildern.
Köln und Opladen: Westdeutscher Verlag 1966.

* TACK, W. H.: Psychologische Grundlagen der Kollisionserkennung. Eine Untersuchung zur
Gefährdungsbeurteilung beim Umgang mit Schiffsradar.
Köln und Opladen: Westdeutscher Verlag 1975.

TOLMAN, E. C.: Cognitive maps in rats and man. Psychological Review 55, 1948, 189−208.

WALLRAFF, H. G.: Das Navigationssystem der Vögel. München/Wien: Oldenbourg 1974.

Kapitel „Psychische Bedingungen der Seekrankheit"

ATTNEAVE, F. and OLSON, P. R.: Discriminability of stimuli varying in physical and retinal orientation. Journal of Experimental Psychology 74, 1967, 149–157.

* BISCHOF, N.: Stellungs-, Spannungs- und Lagewahrnehmung.
In: METZGER, W. (Hrsg.): Wahrnehmung und Bewußtsein. Handbuch der Psychologie, Bd. 1/1.
Göttingen: Hogrefe 1966, 409–497.

DIXON, N. F. and DIXON, P. M.: „Sloping water" and related framework illusions: some informal observations.
Quarterly Journal of Experimental Psychology 18, 1966, 369–370.

FLORIN, I. und TUNNER, W. (Hrsg.): Therapie der Angst.
München/Berlin/Wien: Urban & Schwarzenberg 1975.

HOCHBERG, J. E.: Wahrnehmung. Wiesbaden: Akademische Verlagsgesellschaft 1977.

HOWARD, I. P. and TEMPLETON, W. B.: Human spatial orientation. London/New York: Wiley 1966.

* MONEY, K. E.: Motion sickness. Physiological Review, 50, 1970, 1–39.

* REASON, J. T.: Motion sickness – some theoretical considerations.
International Journal of Man-Machine Studies 1, 1969, 21–38.

Kapitel „Sportschiffahrt als Arbeit"

* ANDERSON, D., ISTANCE, H. and SPENCER, J. (Eds.): Human factors in the design and operation of ships. Göteborg 1977.

BARNABY, K. C.: Some ship disasters and their causes. London: Hutchinson 1968.

CLARKE, A. A.: Human factors aspects of ship handling.
In: ANDERSON, D. et al. (Eds.): Human factors in the design and operation of ships.
Göteborg 1977, 380-395.

COLQUHOUN, W. P.: Watchkeeping and safety.
In: ANDERSON, D. et al. (Eds.): Human factors in the design and operation of ships.
Göteborg 1977, 538–549.

GOETHE, H., ZORN, E. und VRCELJ, J.: Unfälle an Bord, II. Teil.
Hansa-Schiffahrt-Schiffbau-Hafen 118, 1981, 1699–1700.

GROSKURTH, P. und VOLPERT, W.: Lohnarbeitspsychologie. Berufliche Sozialisation:
Emanzipation zur Anpassung. Frankfurt: Fischer 1975.

HACKER, W.: Allgemeine Arbeits- und Ingenieurspsychologie.
Berlin (DDR): Deutscher Verlag der Wissenschaften 1978.

ILLICH, I.: Selbstbegrenzung – eine politische Kritik der Technik (Tools for Conviviality).
Reinbek: Rowohlt 1975.

KREUZER-Abteilung des Deutschen Segler-Verbandes e. V. (Hrsg.): Sicherheitsrichtlinien.
Hamburg: DSV-Verlag 1982.

LANC, O.: Ergonomie. Psychologie der technischen Welt. Stuttgart: Kohlhammer 1975.

* OFFE, H. und STADLER, M.: Arbeitsmotivation. Darmstadt: Steinkopff 1980.

RÜSSEL, A.: Psychomotorik. Darmstadt: Steinkopff 1976.

SCHUNK, J.: Voraussetzungen und Bedingungen von pädagogisch-therapeutischen Gruppenreisen auf einem Segelschiff. Lüneburg: Neubauer 1983.

SLEIGHTHOLME: Das ist Küstensegeln. Bielefeld: Delius Klasing 1976.

STRAUB, D. und die Walroß-Crew: Nichts wie hinterher – mit Walroß III im Whitbread-Rennen um die Welt. Bielefeld: Delius Klasing 1983.

ULICH, E.: Periodische Einflüsse auf die Arbeit (Jahres-, Wochen- und Tagesschwankungen). In: MAYER, A. und HERWIG, B. (Hrsg.): Betriebspsychologie. Handbuch der Psychologie, Bd. 9. Göttingen: Hogrefe 1961, 125–138.

WEGNER, R., TURAN, U. und SZADKOWSKI, D.: Reaktionsverhalten von Seeleuten bei schwerem Wetter. Arbeitsmedizin, Sozialmedizin, Präventivmedizin 15/4, 1980, 92–95.

WEHNER, T., STADLER, M. und MEHL, K.: Handlungsfehler – Wiederaufnahme eines alten Paradigmas aus gestalttheoretischer Sicht. Gestalt Theory 5, 1983, 267–292.

ZIMMERMANN, M.: Sozialtherapeutische Segelfahrten als mögliche Alternative zur geschlossenen Unterbringung (Heimerziehung) – Das Beispiel „Outlaw" – Lüneburg: Neubauer 1984.

Kapitel „Die Crew als Gruppe"

ALTMAN, I. and HAYTHORN, W. W.: The ecology of isolated groups. Behavioral Science 12, 1967, 169–182.

CALLAHAN, S.: Die segelnde Rettungsinsel. Eine Hilfe, wenn keine Hilfe kommt. Yacht 80/13, 1983, 26–29.

HEATON, R.: The influence of social and psychological factors on the ergonomic design of ship's bridges. In: ANDERSON, D. et al. (Eds.): Human factors in the design and operation of ships. Göteborg 1977, 733–743.

* HOFSTÄTTER, P. R.: Gruppendynamik. Hamburg: Rowohlt 1971.

HOROWITZ, M. J., DUFE, D. F. and STRATTON, L. O.: Personal space and the body-buffer zone. Archives of General Psychiatry 11, 1964, 651-656.

LEWIN, K., LIPPITT, R. and WHITE, R. K.: Patterns of agressive behavior in experimentally created „social climates". Journal of Social Psychology 10, 1939, 271-299.

LISCH, R.: Totale Institution Schiff. Berlin: Duncker & Humblot 1976.

MAAS, H.: Der Mensch an Bord. Bremen: Institut für Schiffahrtsforschung 1958.

MOREBY, D. H.: Personnel managemant in merchant ships. Oxford: Pergamon Press 1968.

MOREBY, D. H.: The human element in shipping. Colchester: Seatrade Publication 1975.

NADOLNI, S.: Die Entdeckung der Langsamkeit. München: Piper 1983.

NEUPERT, J.: Apollonia. (1) Der Zufall ließ keine Wahl. (2) Die Hölle ist eine geschlossene Gesellschaft. Yacht 80/1, 1983, 32–35; 80/2, 1983, 220–224.

* RADLOFF, R. and HELMREICH, R.: Groups under stress. Psychological research in SEALAB II. New York: Appleton-Century-Croft 1968.

REMANE, A.: Das soziale Leben der Tiere. Hamburg: Rowohlt 1960.

ROOS, P. D.: Jurisdiction: an ecological concept. Human Relations 21, 1968, 75–84.

SADER, M.: Psychologie der Gruppe. München: Juventa 1976.

SOMMER, R.: The ecology of privacy. The Library Quarterly 36, 1966, 234–248.

STRAUB, D. und die Walroß-Crew: Nichts wie hinterher – mit Walroß III im Whitbread-Rennen um die Welt. Bielefeld: Delius Klasing 1983.

* STREUFERT, S. und NOGAMI, G. Y.: Der Mensch im beengten Raum. Darmstadt: Steinkopff 1979.

YACHT: Ärgerlich: Betreten der Yacht verboten (1983/19). Nicht zu fassen (1983/18). Messer raus? (1983/21).

Kapitel „Was treibt uns auf See?"

* BADDELEY, A. D.: Selective attention and performance in dangerous environments. British Journal of Psychology 63, 1972, 537–546.

COHEN, J.: Behavior in uncertainty. New York: Basic Books 1964.

EPSTEIN, S. and FENZ, W. D.: Steepness of approach and avoidance gradients in humans as a function of experience: theory and experiment. Journal of Experimental Psychology 70, 1965, 1–12.

ROSS, H. E.: Behavior and perception in strange environments. London: Allen & Unwin 1974.

Stichwortverzeichnis